部活動は日本の強み

クラブ自治の継承と発展

EXTRACURRICULAR ACTIVITIES IS JAPAN'S TRADITIONAL STRENGTH

神谷 拓
Taku Kamiya

大修館書店

はじめに

「部活動は日本の強み」

本書のタイトルにあるこの言葉は、ＯＥＣＤの報告書『Reviews of National Policies for Education, Education Policy in Japan: BUILDING BRIDGES TOWARDS 2030』で示されたものです（詳細は、本書の第12章・コラム⓬をご参照下さい）。しかし、このＯＥＣＤの知見は、我が国ではほとんど報道されてこなかったので、知る人は少ないでしょう。むしろ、今の部活動と言えば、教師の超過勤務労働の元凶であり、少子化に伴って限界を迎えている活動であり、体罰・暴力が続く「やっかいな」存在であり、コロナ禍で隠れて練習をすれば「ヤミ部活」と罵られ、やりたくない教師が無理矢理やらされる状況は「ブラック部活」と糾弾されるようになりました。この10年で、部活動はすっかり「悪者」になったのです。

もちろん、これまで部活動では、数多くの問題が発生してきたので批判されてもやむを得ない一面があります。私自身も、部活動の研究者として、拙著『運動部活動の教育学入門』（大修館書店、２０１５年）において歴史的な観点から問題を追求・批判してきました。同時に、問題を指摘したり、批判したりするだけでは現状を変えることはできないので、同書の結論部分では「これから」の部活動のあり方を目標、内容、方法の観点から整理しています。その要点を端的に示せば「教師の専門性を発揮して、子どもの「クラブの」自治を育む」ということになります（詳細は、同書をご参照ください）。クラブという言葉の語源には「自治」や「社交」という意味が含まれているので、生徒が自分たちで強くなっていく部活動を、学校・教師がサポートしていくという提案でした。それは、私の博士論文『戦後わが国における「教育的運動活動」論に関する研究』において到達していた観点でもあり、拙著『運動部活動の教育学入門』は、そのような部活動を追求する歴史的な必然性や意義を確認するものでした。

このように理論研究や歴史研究に取り組んだ後に、私は問題意識を共有する数多くの教師たちと実践研究に取り組んできました。問題点や課題を指摘するだけの研究者が多い中で、私のように実践に介入していくスタンスは珍しいのかもしれません。しかし、実践研究の成果を知りたい方は数多く存在しており、私は大学の講義だけではなく、全国の教育委員会、教職員組合、体育・スポーツ団体、各学校の研修・講演などを通して紹介してきました。

本書は、それらの成果をまとめたものです。雑誌『体育科教育』における連載「子どもが決める！　部活のミライ」（2022年4月号から2023年3月号まで）の内容を加筆・修正するとともに、新たにコラムを加えました。OECDの報告書と同様に「部活動は日本の強み」という前提に立って、これまでの部活動の問題点を解決しつつ、クラブの「自治」や「社交」を継承・発展させていく実践のあり方について解説しています。

おそらく、本書で解説している事例は、これまでの部活動の実践とは大きく異なることでしょう。しかし、生徒が自分たちで強くなっていくという、クラブの「自治」や「社交」を重視する点は一貫しています。各章は独立した内容で構成されているので、どこからお読みいただいてもかまいませんが、可能であれば、本書の問題意識を示している第1章と第12章から読んでいただくといっそう理解が深まると思います。

なお、本書は「部活動は日本の強み」「学校における部活動の充実」を前提にしていますが、これまで問題にされてきた教員の超過勤務労働の実態を軽視・無視しているのではありません。私は、部活動の教育的意義や、教師の専門性と部活動の関連性を明確にすることで、教員の定数、手当、サポートスタッフを増やしていきたいと考えています。また、学校の教育計画・教育課程を教員が編成する権利を追求していくことで、すべての教員が部活動を担当することを前提とせず、教員による選択を可能にする条件整備を求める立場です（コラム❼）。本書におきましても、そのような前提でお読みいただければ幸いです。

目次

第1回

1

ミライをつくる力をつける！

～ワークシートによる課題の可視化と顧問のサポート～

揺れる部活動

今、部活動が大きく揺れています。その実施方法をめぐって、異なる立場からの主張が展開されているのです。それは大きく見て、3つの主張に分けることができます。1つ目は、学校の教育課程と関連づけて、教師が関わるという主張です。現行（2021年施行）の学習指導要領のベースにあるスタンスとも言えるでしょう。2つ目は、学校で実施しつつも、一部を地域に委ねていく主張です。近年、スポーツ庁から示されている、週末の部活動を学校から切り離して実施する「地域部活動」が代表的な例です。3つ目は、民間企業への委託も視野に入れて、学校から完全に切り離す主張です。これは経済産業省「地域×スポーツクラブ産業研究会第一次提言」に見られます。

部活動に関わる学校と地域の連携に関しては、過去にも議論された経緯があります。実際に地域移行を試みた時期もありましたが、多くの学校で部活動は実施され続けました。その歴史を踏まえれば、今日の議論も、冷静に、地に足をつけて行う必要があるでしょう。すなわち、学校か地域かという単純な二項対立的な議論をするのではなく、部活動の目的は何か、学校で実施してきた意義はどこにあったのかを確認しながら、今日にふさわしい実践の在り方を検討する必要があります。また、部活動の主人公は子どもですし、実際に子どもの権利条約でも「子どもの意見表明権」が位置づけられています。そのため、これからの（ミライの）部活動やクラブについて考えたり、意見を述べたりする経験を、子どもに保障する必要もあるでしょう。しかし現状は、教師の働き方改革の議論を背景に、誰が部活動を担うのかという実施体制や教育制度の議論に終始しており、部活動の教育内容や主人公であるはずの子どもが、置き去りにされている感があります。このままでは、過去の地域移行の失敗を繰り返すことになりかねません(1)。

教師の専門性と部活動

このような問題意識から、本書では部活動の教育内容に焦点化して、学校・教師ができることを確認しつつ、具体的な指導方法を紹介していきたいと思います。私は、部活動に関わる学校と地域の連携を否定しているのではありません。まずは、子どもの文化・スポーツ活動に関わる学校・教師の守備範囲を明確にしたうえで、地域移行や地域連携について議論していく必要があると考えています。以下からも、その前提で話を進めていきたいと思います。

学校・教師ができることは、教師のもつ専門性の観点から考えることができます。教師の専門性については、様々な人が多様な観点から論じていますが、ここでは教育学者の柴田義松氏の考え方(2)について、**図1**(3)を用いて紹介したいと思います。

彼は、学校の教育課程ないし教育活動を、教科指導と教科外活動の二領域に大きく分けています。教科指導においては、子どもたちが知識や技能を身につけるように指導すること、教科外活動では道徳性を身につけるために子どもの自治集団活動を励ますことを、教師の専門性・役割であると指摘しています。そ

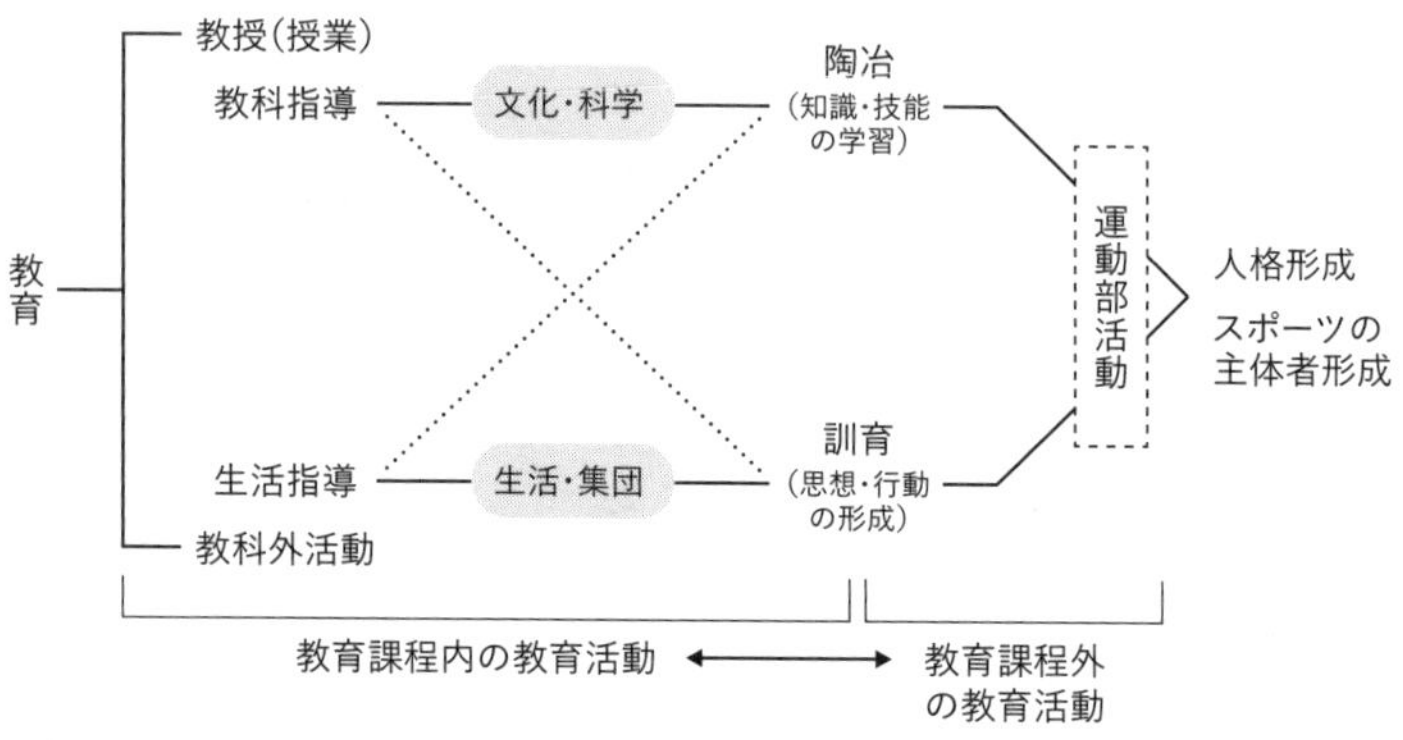

図1　教育課程と運動部活動の関係

して、両活動において重視されるのが子どもの主体性や自主性であり、「子ども自身が文化、生活、集団に働きかける」行動です。近年ではアクティブ・ラーニングや、主体的・対話的で深い学びなどとも言われていますが、これまでも教師は、子どもが興味や意欲を持って学習課題や生活課題に取り組むことを重視してきましたし、そのために教材研究や子どもの研究に取り組んできました。

図1でも示しているように、部活動はそのような教育活動や、教師の専門性の延長で指導されるものです。つまり、部活動は「子ども自身が文化、生活、集団に働きかける」場であり、教師の役割はそのような行動を励ますことにあるのです。

顧問の役割と部活のミライ

さて、このような教師の専門性や、学校教育における位置づけを踏まえると、従来の部活動指導とは少し違ったイメージを持つことができるでしょう。例えば、オリンピック選手を育てたり、特定の技能をトップレベルに引き上げたりすることは教師の専門性から外れます。もちろん、そういった指導能力を持つ教師もいるでしょうが、それはすべての教師に求められる共通の役割ではないのです。むしろ、先に触れた教師の専門性を踏まえれば、「子どもたちの力でうまくなり、強くなる」ように励まし、応援していくことが、教師に求められる共通の役割と言えそうです。

そもそも、部活動の指導者は顧問とも呼ばれますが、その意味は「相談を受けて意見を述べる人」のことです。また、「相談をすること、意見を問うこと」という意味も持ちます。日頃から授業や教科外活動において、生徒に発問をしたり、学習課題や生活課題に気づかせたりしている教師の専門性が、部活動の顧問として発揮されるのです。それは、技術指導の能力に長けた元オリンピック選手であろうと、反対に、専門外の部活動を担当することになった教師であろうと、学校の部活動で求められる基本的な役割・姿勢だと言えます。

また、部活動のような愛好者集団のことを英語でクラブと呼びますが、そもそもクラブの語源には、「社交」や自分たちで課題を解決する「自治」という意味が含まれており、そのような活動を基盤にして、今、私たちが楽しんでいるスポーツのルールが創造されたり、質の高い芸術作品が生み出されたりしてきました。このようなクラブの語源から考えても、教師が部活動の先頭に立つのではなく、子どもの「社交」や「自治」を励ますような顧問としてのアプローチが重要です。部活のミライをつくっていくのは子ども自身であり、顧問にはそのサポートが求められているのです。

顧問の宣言とワークシート（CIW）の活用

では、部活動の顧問として「はじめの一歩」を踏み出しましょう。最初にすべきことは、「私は○○部の顧問です」「皆さん自身が強くなったり、上手くなったりするのを応援するのが私の役割です」と宣言することです。

しかし、このように宣言して「あとは勝手にやれ！」というのでは、残念ながら顧問としての役割を果たせていません。授業や教科外活動の指導において、「主体的な学びが大切だから何も指導しない」という論理が通用しないのと同じで、それでは教師としての専門性が発揮されていないのです。授業で主体的な学びを引き出すために、子どもが意欲を持って取り組める学習課題を設定するように、部活動でも解決すべき具体的な課題を設定することで、「子ども自身が文化、生活、集団に働きかける」ことができるような条件を整備していく必要があります。

その際に、クラブ・インテリジェンス・ワークシート（CIW）（**表1**(4)）が役に立つでしょう。ワークシートの左側に、部活動で生じる課題が21項目に整理されています。これらは、生徒や顧問が部活動の運営に関わって、相談できたり、意見を求めたりする代表的な項目であり、実際に生徒主体で解決していく課題を示しています。皆さんの部活動では、どの項目を生徒の力で解決しているでしょうか。

そのことを確認するために、ワークシートにある21項目の課題を、「これまで」に誰が解決してきたの

表1　クラブ・インテリジェンス・ワークシート

	課題	教師が決める・解決する	生徒が決める・解決する			部活動指導員・外部指導者が決める・解決する	左の三者（教師、生徒、部活動指導員・外部指導者）の全員で決める・解決する	保護者に頼む・依頼をする
			生徒と教師で決める	生徒だけで決める	生徒と指導員で決める			
例	□□□□について解決するのは誰か？	○ →	●					
1	大会・試合・コンクールなどのルール・規則を調べるのは誰か？							
2	試合・公演などに使う戦術・作戦・プランを決めるのは誰か？							
3	練習の内容を決めるのは誰か？							
4	練習試合・合同練習の相手を決めるのは誰か？							
5	出場する大会・コンクールを決めるのは誰か？							
6	VTR分析などを通してチーム・クラブの課題を示すのは誰か？							
7	大会・試合・コンクールなどに出場するメンバーを決めるのは誰か？							
8	大会・試合・コンクールなどに向けて、 ポジション（個人競技の種目を含む）やパートなどを決めるのは誰か？							
9	キャプテンを決めるのは誰か？							
10	キャプテン以外の役割・係を決めるのは誰か？							
11	部活動運営の細かな規則を決めるのは誰か？ （①で決めた方針以外の規則・約束事を決めるのは誰か？）							
12	部員・メンバーの募集をするのは誰か？							
13	練習の日程、時間、場所を決めるのは誰か？							
14	ミーティングの日程、時間、場所を決めるのは誰か？							
15	試合（練習試合・合同練習）の日程、時間、場所を決めるのは誰か？							
16	部活動に必要な予算を計上するのは誰か？							
17	予算の支払いをするのは誰か？							
18	用具の準備や管理をする（掃除を含む）のは誰か？							
19	部内の連絡をする伝達方法を決める（つくる）のは誰か？							
20	学外で活動をする時の移動方法やアクセス方法を検討するのは誰か？							
21	学内・学外の施設を借りるのは誰か？							

かを生徒と話し合って、○をつけてみましょう。回答欄は、大きく見ると「教師が解決する」「生徒が解決する」「部活動指導員・外部指導者が解決する」「保護者に頼む」に分けられていますので、該当する欄に○をつけるだけです。そうすると「これまで」の組織運営が可視化され、誰が、どのような課題を解決しているのかが明確になります。クラブの語源から考えると、できるだけ多くの項目を生徒主体で解決していることが望ましいのですが、実際には生徒の欄に○がつかない項目も多いかと思います。

そこで次に、「これから」は誰がそれらの課題解決の主体になるのかを話し合い、変更する場合は●をつけて矢印を引きましょう。最初は戸惑うこともあるかと思いますが、自分たちで運営し続けて、それが伝統になっていくと、少しずつ生徒の欄に○や●がつくようになっていきます。それは子どもの自治集団活動の成熟を意味し、部活動がクラブらしくなっていくプロセスとも言えます。子ども（の権利）の観点から捉えれば、意見表明をする場が増えたということですし、教師・顧問の観点から捉えれば、子どもの主体的な活動を導く指導力が高まったとも言えるでしょう。このように、教師が顧問の役割を果たすことは、子ども、クラブ、そして学校・教師にとって大切なことなのです。

出典

(1) 神谷拓『運動部活動の教育学入門』（大修館書店、2015年）。
(2) 柴田義松『教育課程―カリキュラム入門』（有斐閣、2000年、178‐183頁）。
(3) 神谷拓「運動部活動の制度史と今後の展望」（『体育科教育学研究』30巻1号、77頁）。
(4) 神谷拓「僕たちの部活動改革」（かもがわ出版、2020年）所収。関西大学神谷拓研究室のホームページ（https://wps.itc.kansai-u.ac.jp/kamiya/）からもダウンロード可能です（最終アクセス、2023年11月4日）。

コラム❶

部活動の地域移行・失敗の歴史
―「ないないづくし」の「ないもの」ねだり!?―

本文中で示したように、部活動の地域移行の議論が進められています。2022年には「運動部活動の地域移行に関する検討会議提言」の中で、2023年度からの3年間で部活動の地域移行を進める方針が示されました。しかし、性急な地域移行の方針に多くの自治体は戸惑いました。例えば、全国市長会は「運動部活動の地域移行に関する緊急意見」を公表し、移行期間を見直すことや、国の財政負担のスキームを明確にすることなどを求めていました。

スポーツ庁は、全国の3割の中学校で部活動の地域移行を進めるために118億円の概算要求をしていましたが、最終的には28億円しか認められませんでした。減額された予算と各地域の混乱を踏まえれば、「3年間で地域移行を進める」という当初の方針は撤回せざるを得ない状況になっています。実際に、2022年の年末に改訂された部活動のガイドラインでは、「学校部活動」と「新たな地域クラブ活動」のそれぞれに方針が示され、両活動を共存させています。

実は、部活動の地域移行は過去にも試みられ、失敗してきた経緯があります。1回目は1970年代に進められましたが、当時も今日と同様に、教員の超過勤務労働と手当の問題が背景にありました。2回目は1990年代後半から2000年代にかけて進められましたが、当時においては総合型地域スポーツクラブを全国展開することがめざされていました。しかし、いずれの地域移行も失敗に終わっています（部活動の地域移行の歴史や課題は、拙著『運動部活動の教育学入門　歴史とのダイアローグ』大修館書店をご参照下さい）。その理由を端的に述べれば、国が子どもの文化活動に必要な費用を十分に計上してこなかったことがあります。

日本は、1972年の保健体育審議会答申にお

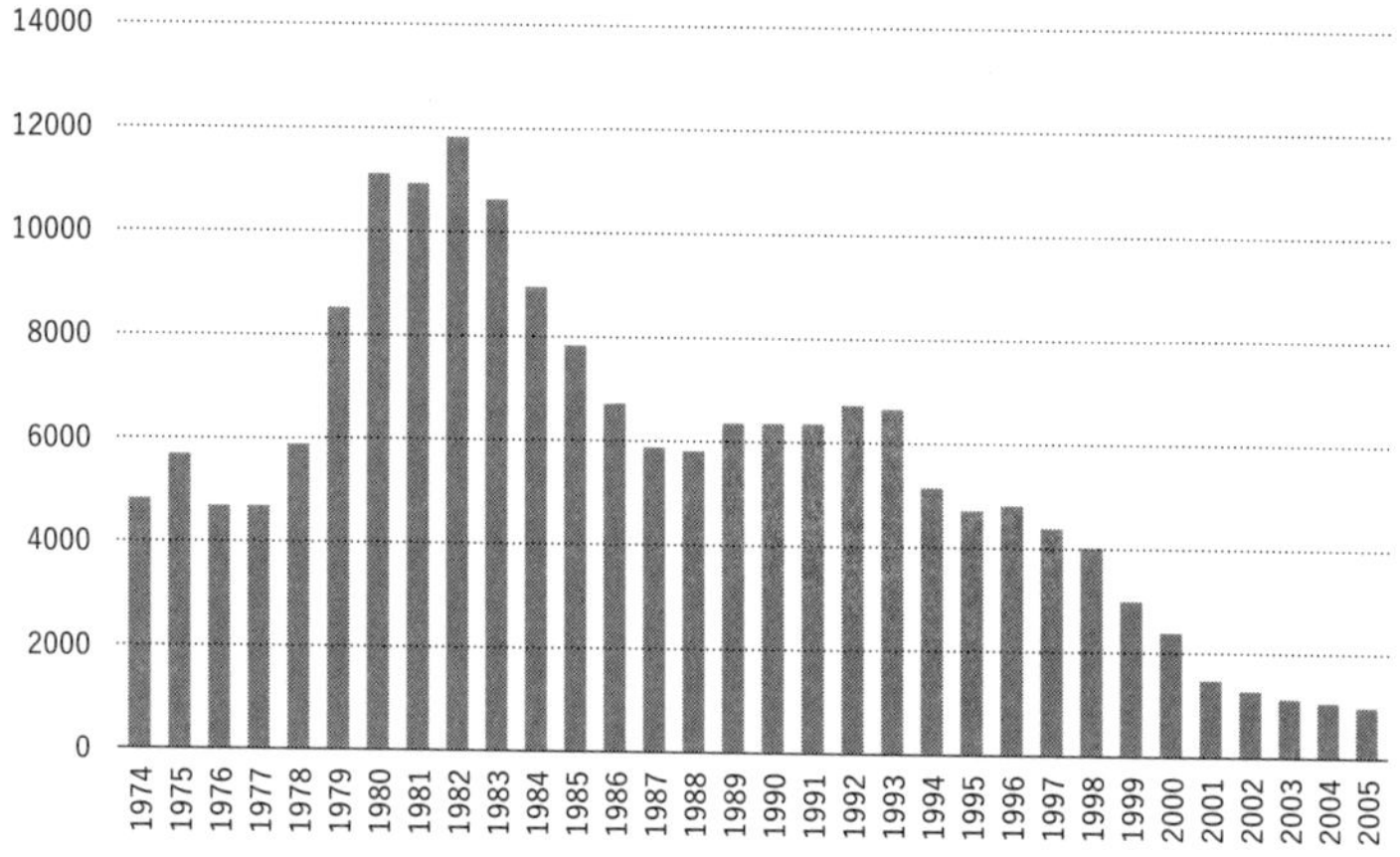

図①　社会教育施設整備費の変遷（単位：100万）

いて、人口に応じた体育・スポーツ施設の設置基準を設けましたが、その基準は達成されず、社会教育施設の整備費は、１９８２年をピークに減額されてきました（**図①**）[1]。１９８３年の臨時行政調査会「行政改革に関する第五次答申」（１９８３）において、財政改革の観点から施設整備を抑制する方針が示されたからです。その結果、**表①-1**で示したように、人口比で見ると諸外国が１００人単位で一つの施設があるのに対して、日本は２０００人を超えている状況です。

　施設がなければクラブも育ちません。例えば、地域で子どものスポーツ活動を保障している国は、やはり人口比にすると１００人単位で１つのクラブがつくられています（**表①-2**）。日本のクラブの実数は不明ですが、総合型地域スポーツクラブを同じ計算式（２０２０年度の人口と総合型地域スポーツクラブの数）に当てはめてみると、

表①-1　スポーツ施設数の比較

	日本	イギリス	ドイツ	フランス
人口	1億2,710万人（2015年）	6,413万人（2013年）	8,065万人（2013年）	6,672万人（2016年）
施設数	47,536（2015年）	82,558（2015年）	231,441（2015年）	269,497（2015年）
人口/施設数	2673.8人	776.8人	348.5人	247.6人

笹川スポーツ財団「諸外国のスポーツ振興施策の比較表」(2017)のデータを用いて作成した。

表①-2　ヨーロッパ諸国のクラブ

	ドイツ	イギリス	フランス	デンマーク	フィンランド	ベルギー
人口(千人)	82,357	56,352	56,634	5,295	5,181	9,979
クラブ数	87,717	100,000	172,653	14,000	8,000	19,000
人口/クラブ	939	564	328	378	648	525

川西正志「ヨーロッパ諸国のスポーツクラブ」(川西正志・野川春夫 編『生涯スポーツ実践論 改訂第4版』市村出版, 2018年, 30頁)のデータを元に筆者が作成した。

3万5000人に1つです。もちろん総合型地域スポーツクラブ以外にも多様なクラブがあるため、実際の割合・人口比はさらに低くなりますが、国が重点的に進めている総合型地域スポーツクラブでさえ、諸外国において100人単位で1つのクラブが設立されているという状況とは大きく異なるのです。

部活動の地域移行を推進する人は「諸外国と同様に地域で子どものスポーツ活動を実施すべきだ」とか「学校でクラブを実施している日本は特殊だ」と言います。確かに一理あるのですが、それを言うのであれば、諸外国と同様にお金（公費）をかける見通しも示す必要があるでしょう。施設もない、クラブもない、金もかけないという「ないないづくし」の状況で、部活動を地域に移行するという「ないものねだり」をすることは建設的ではないのです[2]。もちろん、学校で実施し続けるのであれば、教員の手当や定数の改善をするために、お金を掛けることが不可欠ということになるでしょう。

（神谷拓）

出典
1 図①の社会教育施設整備費のデータは、内海和雄「保健体育審議会『答申』の背景と内容―スポーツ政策における公共性と民営化の拮抗」（『一橋論叢』第121巻2号、283頁）、澁谷茂樹『公共スポーツ施設整備財源に関する研究　報告書』（笹川スポーツ財団、2012年、7頁）を参照しました。
2 拙稿「なぜ運動部活動の地域移行は失敗するのか―スポーツ推進委員に期待されること―」（『みんなのスポーツ』494号、15-17頁）。

2

第2回

勝利至上主義を乗り越えるビジョン

～花言葉で潜在的な思いや願いを引き出す～

勝利至上主義と教育制度

部活動を批判する言葉に、勝利至上主義があります。それは、勝つことが至上目的化し、勝つこと以外の教育内容が軽視されている状況に対する批判でした。第1回において解説したように、本来であれば、競技力を高めることは教師の専門性からは外れるので、学校の教育活動として「勝つこと」のみを評価の対象にするのは矛盾しています。むしろ競技力の向上は学校外の組織・機関において専門的に実施されるものです。しかし、日本においては、長い間、そのような地域の環境が整備されずにきました。そのため、学校教育に依存して競技力の向上がめざされることになり、入試の際に競技成績を積極的に評価するスポーツ推薦入試がうみだされ、大学を頂点とした選手養成の体制が整備されるようになります。その結果、競技力を高くすることが学校の進路指導と結びつくという矛盾が生じました。

このような歴史を踏まえれば、勝利至上主義は、スポーツ推薦入試をはじめとする教育制度に起因すると考えられ、制度の見直しや新たな制度設計をしなければ解決しない問題とも言えるでしょう。そのため、近年の大学入試においては、部活動の競技成績だけでなく、活動のプロセスを評価できるように調査書の項目を変更したり、ポートフォリオや活動報告書を用いた入試が提案されたりしています。しかし、新しい入試制度がつくられても、教育現場において活動のプロセスを充実させるような実践や指導が展開されなければ、100年以上続いてきた勝利至上主義の問題を乗り越えることはできないでしょう。しかも、部活動の主人公は生徒ですから、勝利至上主義の問題を自覚し、競技成績以外の目標やビジョンを設定・追求するのは、教師ではなく生徒自身であることが大切です。今回は、その方法について解説していきましょう。

組織のビジョンとパーパス

スポーツは競争を特質とする文化ですから、やるからには勝ちたいと思うのは当然でしょう。しかし、競技成績を追求するがあまりに、部活動に所属する部員の人権が軽視されたり、参加意欲が低下したりしてしまっては本末転倒です。ですから、競技目標や競技成績とは別に（競技目標や競技成績に左右されない）、組織・集団としての目標をもっておくことが大切になります。

これは実社会の企業も同様です。多くの企業は、利益を上げないと組織を維持したり、発展させたりできないので利益や業績を求めます。しかし、利益・業績至上主義にならないように、組織としての目標や経営理念を持っています。例えば、この本を刊行している大修館書店も、企業として利益を上げることは当然ですが、「後世に残る良書の出版」という経営理念を掲げ、「発行時のみならず、後世においても良書との評価をいただける出版物の発行を続ける」ことを方針に掲げています。

また、最近の企業経営では、より具体的に「自分たちは何のために存在しているのか、一体何ができるのか」を言葉で示した、パーパスが重視されています。例えば、洗剤などを販売するライオンという企業は、「よりよい習慣づくりで人々の毎日に貢献する」というパーパスを設定しています。企業が改めてパーパスを設定する背景について、一橋大学ビジネススクールの名和高司客員教授は以下のように述べています。

「利益主義みたいなものが資本主義の原点だったけれども、それが地球の破綻や社会の破綻を生んでいることにみんなが気づき始めて、今までの右肩上がり成長という時代から、もう一度目的を探し直す時代に変わっている」（ＮＨＫ「おはよう日本」２０２１年11月15日）

このようにビジョンやパーパスは、企業の利益・業績至上主義を是正する役割を担っており、部活動においても勝利至上主義を乗り越える方策として注目されるのです。

プロスポーツクラブの名前

実際に、プロスポーツのクラブにもビジョンやパーパスがあります。ベガルタ仙台というサッカークラブは、ベガ（織り姫）とアルタイル（彦星）という英語を組み合わせてクラブの名前にしていますが、これには「県民・市民と融合し、ともに夢を実現する」という思いや願いが込められています(1)。サガン鳥栖というクラブも同様に、「長い年月をかけて砂粒が固まって砂岩『サガン』となるように一人ひとり、小さな力を集結し立ち向かう」という思いや願いを込めて、名前がつけられています。皆さんも、身近なクラブの名前を調べてみるとよいでしょう。そのことで、勝敗だけではない、クラブとしての価値を追求していることがわかるかと思います。

部活動においても、自分たちで組織の方針や目標（ビジョンやパーパス）を設定することで、勝利至上主義の問題を乗り越える展望が開けるのではないでしょうか。自分たちが部活動に何を求め、どのような集団になりたいのか、勝利に向けてどのようなプロセスを重視するのかを話し合い、それを言葉に残して、みんなで共有するのです。

しかし、その指導には工夫が必要でしょう。「君たちは部活動に何を求めているのか？」と聞いたところで、思春期の生徒は戸惑うことでしょうし、ホンネを出してくれそうもないからです。そのため、教師の専門性を発揮して、議論を導く「発問」や「教材づくり」が求められます。

花言葉で部活動の愛称を考えてみよう！

組織のビジョンを共有するうえで、部活動の愛称を考えるという方法があります(2)。先のベガルタ仙台のように、自分たちの思いや願いを出し合って部活動の愛称をつくり、共有していくのです。

その際には発問を工夫する必要があります。「自分たちの思いや願いを、部活動の愛称・ネーミングに組み込んでみよう」という発問だと、愛称やネーミングを考えるうえでの拠り所・ヒントが少ないので、議論が拡散してしまいます。そのため、私がワークショップをするときには、あえて「花言葉で考える」

という制限を設けています。具体的には、私や教師が議論のファシリテーターに徹して、全員から意見を引き出すようにしながら、次のように展開していきます。

①ベガルタ仙台など、いくつかのスポーツクラブの事例を取り上げて、組織にはビジョンやパーパスが必要であり、部活動にも必要であることを解説します。

②「花言葉を使って、自分たちの思いや願いを組み込んだ、部活動の愛称・名前を考える」という課題を提示します。

③いくつかの花言葉を紹介します。「ブルーデージー＝協力」「アゲラタム＝信頼」「フロックス＝合意・一致」「グオリオーサ＝栄光」「コブシ＝友愛」というようにです。

④これらの花言葉を参考にしつつ、さらにタブレットなどで花言葉を検索させながら、部活動に求めることと（各生徒の求める価値観）に近い花言葉を探させます。

⑤4～5人のグループに分かれて、クラゲチャートに記入していきます（**図2**）。まずはクラゲの足の部分（◯）に、それぞれが考えた花と花言葉を書き込み（複数記入してもよい）、なぜそれを選んだのかを解説させます。

⑥全員の話を聞き終えたら、それぞれの思いや願いを踏まえて、各グループで一つの名前に集約していきます。解説を聞いて、友だちの花（言葉）に惹かれることもあるでしょうし、いくつかの花の名前を組み合わせて愛称を考えることもできます。

⑦クラゲチャートにもとづいて、それぞれのグループごとに発表し、その内容を板書しながら、みんなの

思いや願いを共有していきます。

⑧各グループから出されたアイデアを参考に、部活動全体の愛称・名前を決めていきます。そのまま花言葉で考えてもよいですし、挙げられた思いや願いを踏まえて、新たに文章化・単語化する方法もあります（組織としての方針が共有できればよいので、最終段階では花言葉にこだわる必要はありません）。

⑨決められた愛称・名前や方針を書き出して、全員が確認できるように部室などに張り出し、一定の期間、活動を続けます。

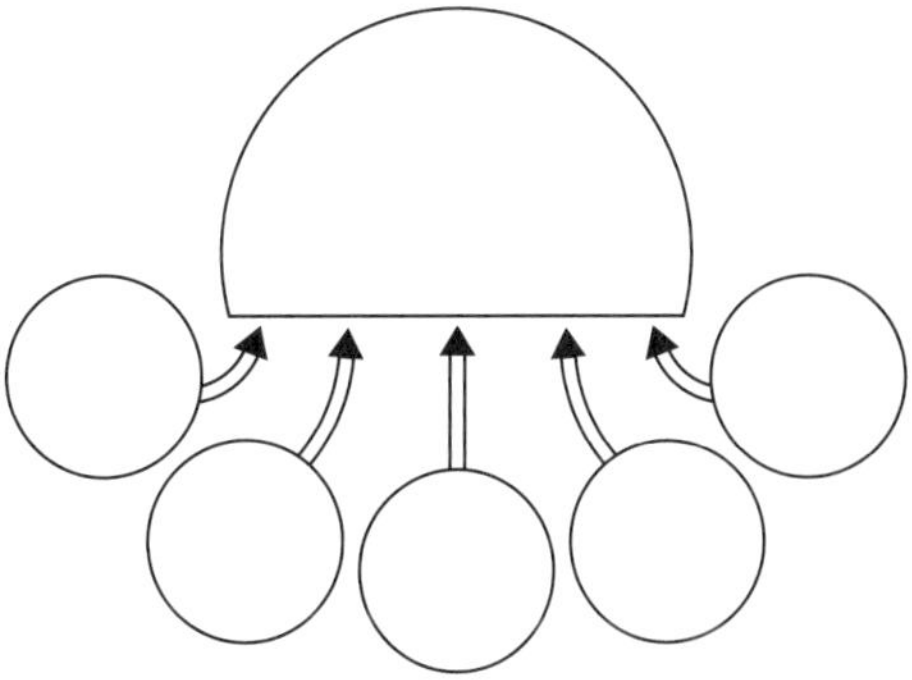

図2　クラゲチャート

華進打破（カシンダハ）

山梨県にある剣道部は、花言葉のワークショップを通して、みんなで意見を出し合いながら思いや願いを確認し、それらを漢字に当てはめて「華進打破（カシンダハ）」というビジョンをつくりました[3]。この造語に込められた思いや願いは以下の通りです。

・**華**…花は一輪でも束でも彩りがあり華やかだ。剣道においても、個人戦でも団体戦でも自分の力を出し切ろう。

・**進**…積極的に行動する。今までもそうだが、掃除も先輩、後輩みんなでやろう。

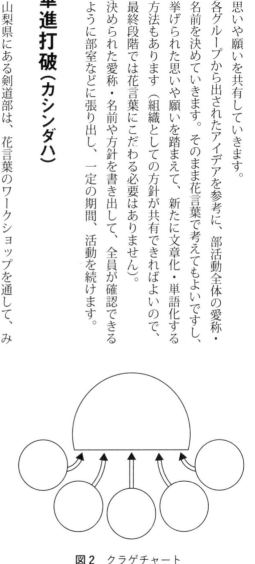

・**打**…剣道の打突で自分を成長させる。機会を捉えて決断したら打ち抜く心の強さ。クラブTシャツに刷られているDetermination（決意）の継承。
・**破**…みんなで技術差や学年差の壁を破る平等な関係をめざそう。そして、みんなで強くなろう。

このようにしてつくられた組織のビジョンは、運営の道標になっていきます。実際にこの剣道部では、団体戦のメンバーや試合順を決める際に、教師が捨て試合を前提にした「勝利に特化したオーダー」を提案しましたが、生徒側から自分たちのビジョン・「華進打破」とは違う気がするという意見が出され、生徒が主体となって新たなオーダーを決め直したことがありました。このように組織のビジョンは、運営に迷った際の道標となり、時に教師の要求を突き返すほどの力を生徒に与えます。そして、「勝てば何でも良いのか」「どのような手段をつかってでも勝てば良いのか」という問いを生みだすと同時に、どのように解決していくのかの方向性を示してくれます。思いや願いが込められた組織のビジョンが、部活動の自治を励まし、勝利至上主義を乗り越える力を与えてくれるのです。

皆さんの身近にある部活動には、組織のビジョンがありますか？　それは、部員の思いや願いが込められた内容になっているでしょうか？

出典
⑴　拙稿「運動部活動とあなた」（佐藤善人編『スポーツと君たち』大修館書店、２０１９年、１０２-１０９頁）。
⑵　拙稿「運動部活動指導の原理」（神谷拓編『対話でつくる教科外の体育』学事出版、２０１７年、１５２-１５５頁）。
⑶　堀江なつ子「運動部活動の実践」（同右、２０１７年、１６３-１７４頁）。

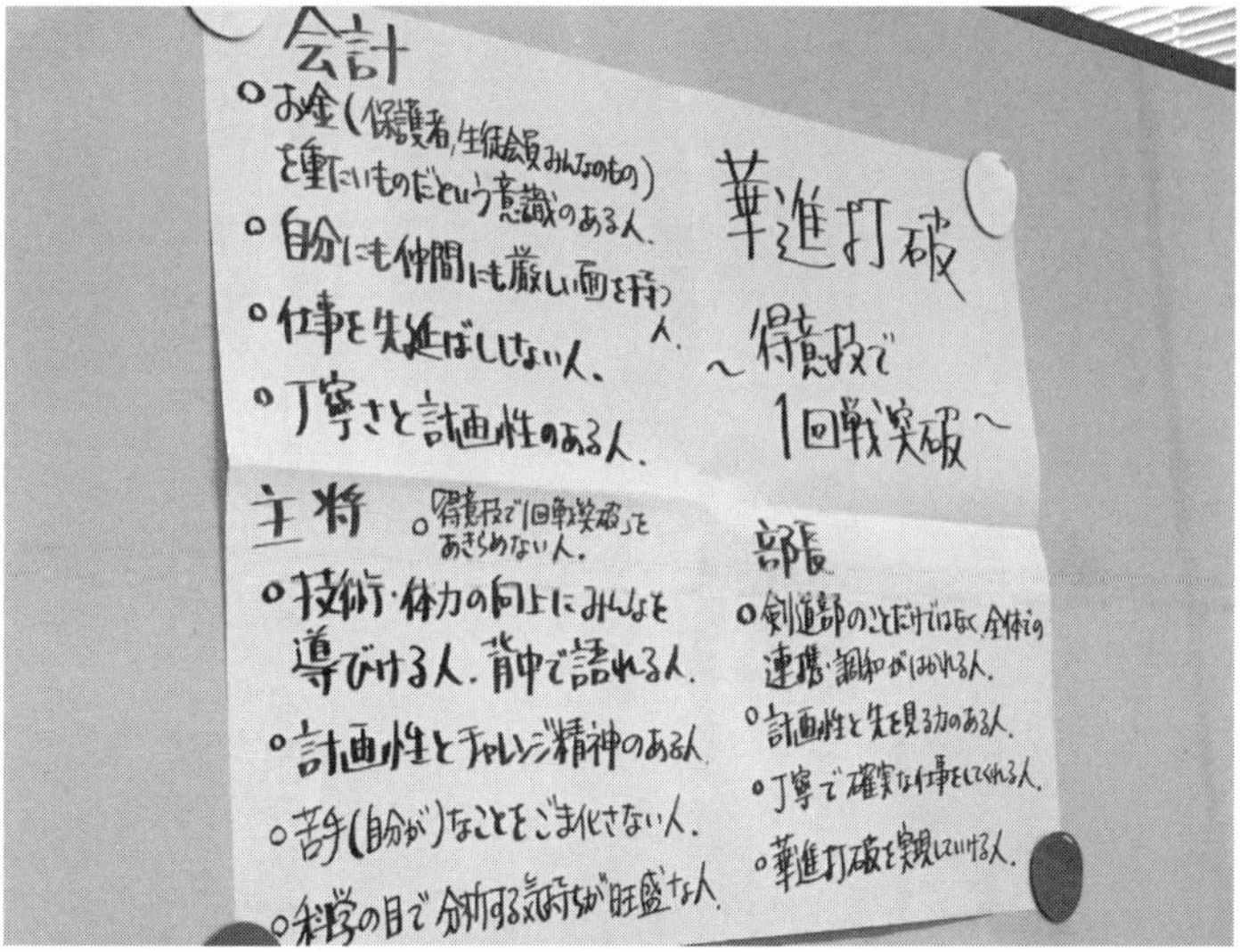

リーダーを決める時にも「華進打破」を意識して人選をしました

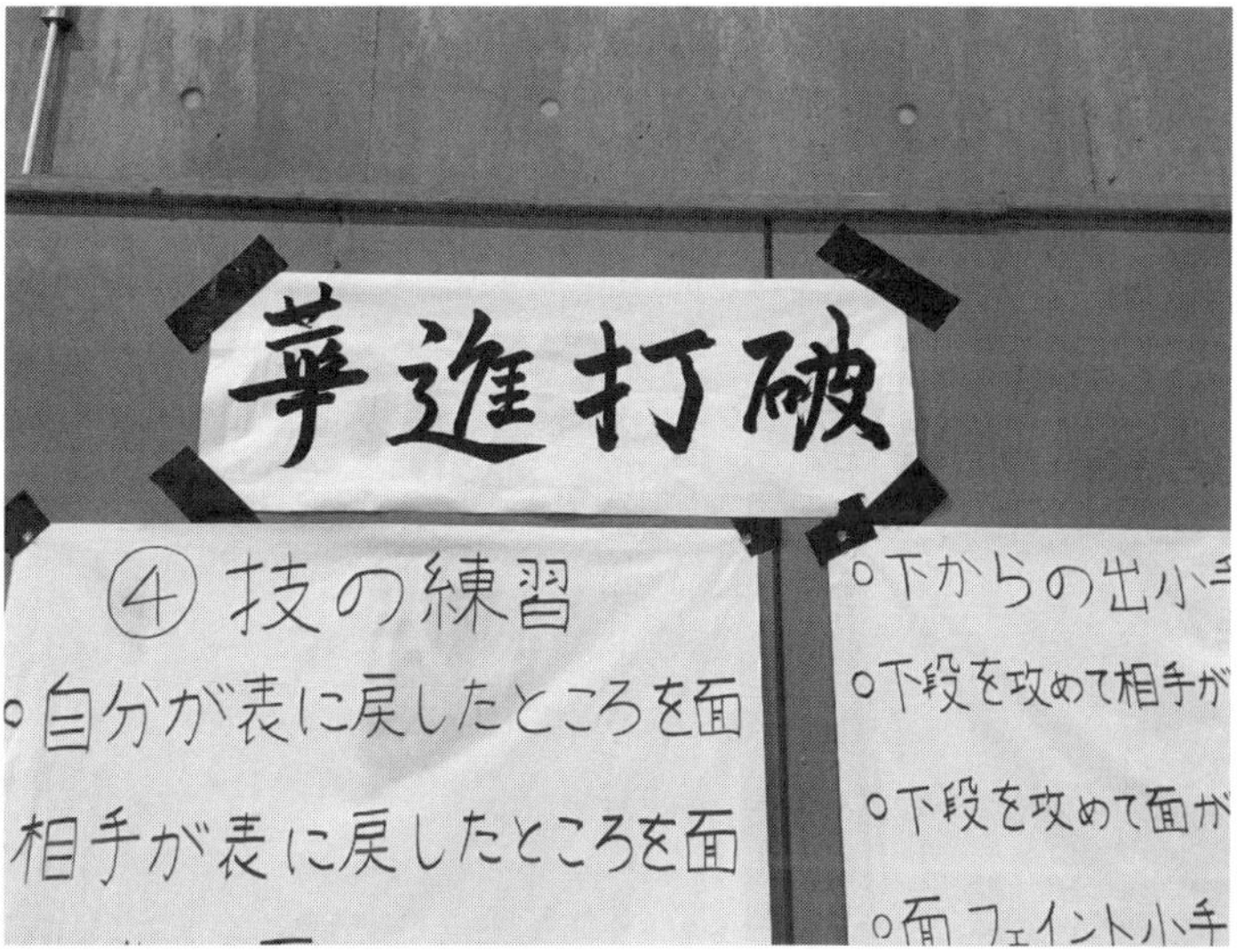

練習場でも意識できるように貼り出しました

コラム❷

様々なスポーツクラブの名前
―思いや願いを組み込むポイント！―

第2回では、自分たちの思いや願いを、クラブの名前に組み込んでいくための方法が解説されました。実際に、スポーツクラブの名前には、様々な方法を用いて思いや願いが込められています。具体的には、①会社名だけでなく、②地名、③動物名、④地域に縁があるもの（方言を含む）、⑤色、⑥天体名、⑦架空のもの、⑧植物名といった観点からクラブの名前がつけられています。

まず、①会社名を用いているクラブは、皆さんにとって馴染み深いかと思います。例えば、福岡ソフトバンクホークス（プロ野球）とパナソニックパンサーズ（V.LEAGUE）が挙げられます。これらは、クラブを運営するスポンサーの会社名を用いています。

次に、②地名を用いているクラブです。例えば、ガンバ大阪（Jリーグ）とアルバルク東京（B.LEAGUE）が挙げられます。これらは、クラブが拠点を置く地域の名前が採用されています。なお、Jリーグでは「地域に根差したスポーツクラブ」がめざされており、クラブの名前に地名を含むことが規定されています。

また、③動物名を用いているクラブもあります。例えば、高知ファイティングドッグス（野球・独立リーグ）とバンビシャス奈良（B.LEAGUE）が挙げられます。これらは、「闘犬（高知）」と「子鹿（奈良）」といった動物名がクラブの名前に採用されています。ちなみに闘犬と子鹿は、クラブが拠点を置く地域と関連する動物です。

そのような④地域に縁があるもの（方言を含む）を用いているクラブには、愛媛マンダリンパイレーツ（野球・独立リーグ）とガイナーレ鳥取（Jリーグ）が挙げられます。これらは、クラブが拠点を置く地域の特産品（マンダリン）や、方言（ガイナ・大きな）がクラブの名前に採用されています。

次に、名前に⑤色を用いているクラブには、群馬銀行グリーンウイングス（V.LEAGUE）とNECレッドロケッツ（V.LEAGUE）が挙げられます。これらは、クラブを運営するスポンサーのコーポレートカラーや、チームカラーをクラブの名前に採用しています。

また、少し変わった方法ですが、⑥天体名を用いているクラブもあります。例えば、茨城アストロプラネッツ（野球・独立リーグ）とサンロッカーズ渋谷（B.LEAGUE）が挙げられます。御承知の通り、「惑星（プラネッツ）」と「太陽（サン）」は天体名です。

この他にも、⑦架空のものを用いているクラブとして、火の国サラマンダーズ（野球・独立リーグ）と山形ワイヴァンズ（B.LEAGUE）が挙げられます。これらの名前に用いられている火の精霊（サラマンダー）と伝説のドラゴン（ワイバーン）は、現実には存在しない架空のものですが、力強いイメージを印象づけることができそうです。

最後に、⑧植物名を用いているクラブには、セレッソ大阪（Jリーグ）と水戸ホーリーホック（Jリーグ）が挙げられます。「桜（大阪）」と「葵（水戸）」は、クラブが拠点を置く地域と縁のある植物の名前です。

皆さんは、どのパターンを活用しますか？　大切なことは、クラブの名前にどのような思いや願いを込めるのかです。ここで紹介した事例も「言葉遊び」をしているのではなく、名前がつけられた背景には、その言葉を選択するに至った思いや願いがあります。例えば、先ほど取り上げたセレッソ大阪（Jリーグ）が、クラブの名前に「桜」（セレッソ・スペイン語）を採用した背景には、「セレッソ（CEREZO）はスペイン語で大阪市花である『桜』の意味。大阪から日本を代表するクラブへ、世界で満開の夢を咲かせるクラブへ。サポーターとともに成長していく」という思いや願いが込められています。

（松世聖矢）

第3回

3

競技目標を行動につなげる

～富士山マンダラートでモチベーションの向上～

競技目標とクラブの両立

前回は、競技成績以外の目的・目標をもつことで、勝利至上主義の問題を乗り越える提案をしました。しかし、そうは言っても、スポーツは競争を特質とする文化ですから、勝利をめざさない部活動はありません。そのため、今回は競技目標の立て方と考え方についても解説したいと思います。結論から先に述べれば、めざす競技目標と、第1回で解説した「クラブの自治」の両立が大切です。つまり、自分たちで競技目標を立てると同時に、競技目標に到達するまでの課題を自分たちで解決していくことが重要なのです。

その理由の1つには、やる気・モチベーションを引き出すことができます。自分の内面にある意欲や関心に動機づけられている状態を内発的動機づけと言いますが、それは①有能感、②自己決定、③関係性の欲求と関わると言われています[(1)]。適切な難易度の目標を設定し、自分の力で解決できるようになることで「有能感」が生じます。さらには、練習の目標、内容、時間、場所についてプレーヤーの意見が反映されることで「自己決定」の欲求が満たされます。そして、みんなに行動が理解され、共感が得られていることで「関係性の欲求」が満たされ、これらの欲求が内発的動機づけへとつながっていくのです。そのため部活動においても、競技目標を設定するだけでなく、目標に到達するために必要な練習内容、時間、場所などについて、みんなで話し合い、共有していくという、いわば「クラブの自治」の経験によって、意欲的に練習や活動に取り組むことが期待できます。

次に、そのような「クラブの自治」にもとづく競技目標の追求には、勝利至上主義の問題を乗り越える意味があります。前回も解説したように、勝利至上主義とは、競技成績を高くすることだけが至上目的化し、「勝利までのプロセス」が軽視される状況への批判でした。典型的な例として、暴力や暴言を用いた指導が挙げられるでしょう。そのような問題のあるプロセスを、「勝ったんだから良いではないか」と隠してしまう思考こそが勝利至上主義です。そうならないようにするためには、勝利までのプロセスをオープンにすると同時に、充実させていくことが大切です。例えば、目標の設定に生徒が参加するとともに、目標にもとづいてどのように行動するのかまでを共有し、実行に移していくことができれば、勝利だけではなく「クラブの自治」を経験できるので、勝利至上主義の問題を乗り越える展望が開かれるでしょう。スポーツには勝敗が付き物ですので、実際に競技目標（勝利）に到達できるのは一部の部活動かもしれませんが、「クラブの自治」によってプロセスを充実させることは、すべての部活動において実現可能なのです。

富士山マンダラート

目標を設定するだけでなく、実際の行動につなげるために、これまで企業の研修などではマンダラートが活用されてきました。マンダラートとは、今泉浩晃氏によって開発された発想法の一種で、3×3マスの9マスのシートを用います。中心のマスに達成したい目標を書き込み、周りの8マスにはそれに関連する課題や事柄を埋めていきます。そして、同様の思考や作業の繰り返しによって、書き込むマス目を増やしていきながら、中心に位置づけた目標と周りの課題を関連づけるようにします(2)。メジャーリーガーの大谷翔平選手も高校時代に作成したと言われており(3)、部活動においても目標到達までのプロセスを可視化できるツールとして活用されてきました。

しかし、大谷選手が取り組んだようなマンダラートを完成させるには、最終目標に到達するまでに必要な課題を72個も設定する必要があります。しかもすべての課題を、マンダラートの中心に位置づけた「一番達成したい目標」と関連づける必要がありますから、難易度は高いと言えるでしょう。実際に、私が接してきた教育現場の先生からは、「途中で断念した」「マンダラートをつくるだけで終わってしまった」という話も聞きます。見方を変えれば、そのような難易度の高い課題を乗り越える力が、高校生の時の大谷選手にはあったのだと考えられますが、残念ながら現状の運動部員の多くがそのような力量を持ってはいません。また、マンダラートは、そもそも発想法の一つですので、

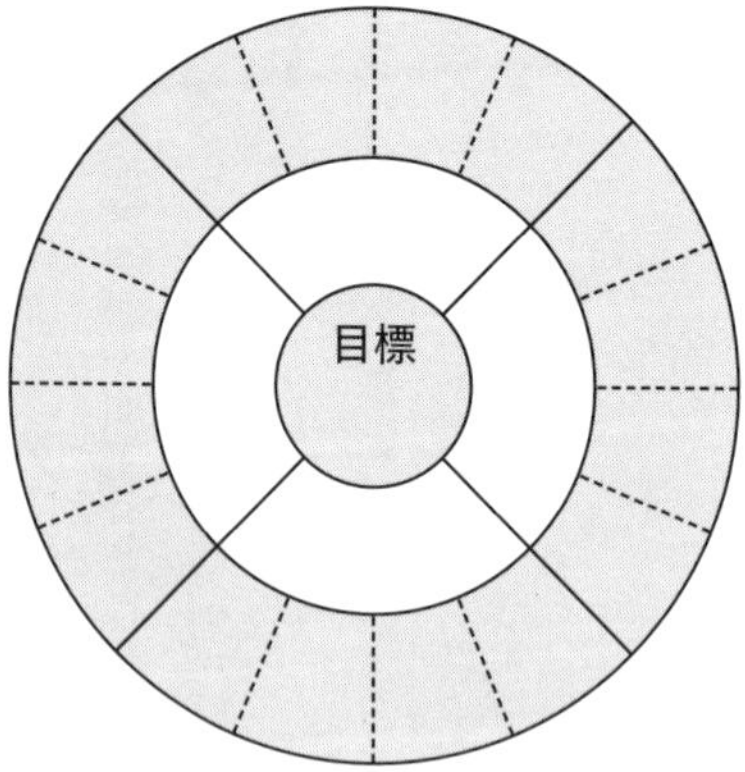

図3　富士山マンダラート

部活動のような集団を対象にしていたわけではなく、スポーツの競技目標に到達するために開発されたものでもありませんでした。

そこで、私は富士山マンダラートというシートをつくりました（**図3**⑷）。目標に到達するまでの課題を可視化するという原則はマンダラートと同じですが、目標に関連する周辺の課題を20個に減らしています。また、マンダラートは四角形のマス目で構成されていますが、富士山マンダラートは円状に構成し、富士山の頂上（競技目標）に迫るイメージでマス目を埋めていけるように教材化しています。

山頂（目標）に向けたルートをつくりだそう！

では、このワークシートを活用したファシリテートについて解説していきましょう。

①シートの真ん中にある、富士山の山頂に、めざす競技目標を書き込みます。過去の競技成績や部活動の現状を踏まえて、現実的な目標を設定するとよいでしょう。

②競技目標の到達に必要な課題を、山頂を囲む４つのマス目に書き込んでいきます。この段階の指導には少し工夫が必要です。「競技目標に到達するために必要な課題を挙げてみよう」という発問だと、漠然としていて意見が出てこないことがあります。また、「集中して練習する」「みんなで協力する」「用具を大切にする」というような「心構え」も大切ですが、ここに書き込むのは、あくまでも達成できたかどうかを判断できるような課題や内容です。ですから「どのような練習内容が必要なのか」「どのよう

な役割分担が必要なのか」「どのように用具を管理するのか」などと問いかけ、目標の到達までに求められる行動や方針を共有することが大切になります。

あるいは、最初からこの4つのマス目を埋める観点として、「練習に関わる課題」「組織運営（役割分担）に関する課題」「用具・施設などの条件整備に関する課題」「その他の課題」を提示する方法もあります。そうすると、競技目標を達成するために「どのような練習課題があるか」「どのような役割分担が必要か」「どのような物が必要か」を考えやすくなるでしょう。その過程で、練習課題が2つ出てきた場合には空いている欄を使っていいですし、練習課題が4つある場合にはすべての欄を使っても構いません。いずれにしても、山頂の目標に迫るために何が必要かを考えて、より具体的な行動の指針を設定することが重要になります。

③山頂付近の4つの目標が設定できたら、その下の段（山の裾野）に目を移して、山頂付近の目標に迫るために必要な課題や内容を4つずつ書き込んでいきます（計16個）。先ほどの例で言えば、練習課題に関わって具体的な練習のメニューや、めざすタイム・記録が書かれたり、組織運営（役割分担）に関わって、各役割でどのような仕事を、どれくらいの頻度でするのかが書かれたり、環境整備に関わって、どのように用具を準備・管理するのかが書かれたりします。いずれにしても、この欄には何を、どれくらいすべきなのかを、具体的な行動レベルで記す必要があります。そのことで、あとで活動を振りかえる際にも、「実行できたのか・できなかったのか」が明確になります。なお、この段階では、裾野の目標―山頂付近の目標―山頂の目標がつながっていることが大切になります。これらがつながっていないと、ルー

トに無理が生じ、山頂まで辿り着けなくなってしまうからです。ですから、「マス目を埋めたら終わり」ではなく、必ず裾野からの山頂までのルートを確認し、問題があればこの段階で修正しておきましょう。

④シートを全員で確認しながら、競技目標と、目標に到達するために必要な課題を共有し、実際に行動に移していきます。「目標は立てるだけでは意味が無いこと」「実際に行動することで目標に迫れること」を全体で確認するのが大切です。完成したシートは部室に貼ったりして、いつでも確認できるようしておくとよいでしょう。

ルートの変更は成長のチャンス

富士山マンダラートが完成したら、あとは行動に移すだけです。自分たちで立てた目標を自分たちで摑み取るべく、お互いに厳しく律しながら活動していきます。定期的に富士山マンダラートの観点から、組織運営の実態や課題を話し合うとよいでしょう。また、目標とする大会が終わった後に、富士山マンダラートの観点から振りかえりを行うと、自分たちができたこと、できなかったこと、そして今後の組織運営の課題が明確になります。そのような活動の積み重ねによって、富士山マンダラートは洗練化されていき、これまでのルートを参考にしながら、独自のルートを開発することもできるようになります。それは部員一人一人の成長と同時に、部活動という組織の成熟を意味しています。

また、活動をしている最中にも、内容を書き変えたくなる時があります。目標に到達するために「今のままではダメだ」と気づくこともありますし、反対に、ただサボりたいだけの時もあります。いずれも、組織運営の矛盾や課題に気づき、あらためて全員の意思を確認したり、自分たちの行動を変えていったりする契機ですから、ピンチではなくチャンスとして捉えましょう。顧問・教師は、そのような状況を見過ごさないように、富士山マンダラートの観点から部員の行動を注意深く見守ってください。同時に、書き変える際には、なぜ、書き変える必要があるのか、どのように変えたいのか、書き変えによって目標に到達できるのかなどについて話し合い、共有することが大切です。

このようにして、生徒が自分たちで競技目標を設定し、そのプロセスをみんなで協力してつくれるようになった時に、勝利至上主義という批判は過去のものとなっていることでしょう。

出典

⑴ 岸順次「スポーツにおけるモチベーション」(大野貴司ほか編『体育・スポーツと経営―スポーツマネジメント教育の新展開』ふくろう出版、2011年、21-29頁)。

⑵ 今泉浩晃『創造性を高めるメモ学入門』(日本実業出版社、1987年)、『超メモ学入門　マンダラートの技法』(日本実業出版社、1988年)。

⑶ スポーツニッポン・ホームページ　https://www.sponichi.co.jp/baseball/news/2013/02/02/kiji/K20130202005110330.html (最終アクセス、2022年4月17日)。

⑷ 富士山マンダラートは、神谷拓研究室のホームページからダウンロードできます。https://wps.itc.kansai-u.ac.jp/kamiya/worksheet/ (最終アクセス、2022年4月17日)。

コラム❸

企業研修：クラブビルディング®
―部活動の経験は社会に出たときに役立つのか!?―

前回から、企業の経営・研修と部活動の関係が解説されていますが、実際にこの書籍で紹介している部活動を自治集団活動へと導くメソッドは、クラブビルディング®という名称で企業の研修でも活用されています。

この研修は、**図③**で示したように、クラブをつくる（雪合戦クラブをつくる）プロセス【遊びの世界】と、職場での課題【仕事の世界】を往還しながら進めていきます。例えば1回目は、研修の前半に雪合戦クラブをつくるという状況に身を置いて、どうしたら人が集まるのかを考えます。いきなり「雪合戦クラブに入りませんか？」と言われたら怪しく思う人もいるでしょう。そのため、みんなが参加したり、協力できたりする組織について考える必要があります。その経験や議論を踏まえて、研修の後半は、自分たちの会社がステークホルダーから信頼されるような組織になっているのかを考え、今後の課題を明らかにしていきます。

第2回の前半は、この本の第2回の内容（ビジョン・パーパスを考える）と同様です。その議論を踏まえて、研修の後半は会社のビジョン・パーパスを確認したり、より具体的なビジョン・パーパスについて考えたりします。

第3回は、この本でいうと次回・第4回の内容です。合理的な役割分担の原理について学んだ後、研修の後半は職場における「業務の棚卸し」や、役割分担について考えることになります。

第4回は、この本でいうと今回の内容（目標の設定）です。前半は、雪合戦クラブで、大きな目標（目的）を設定すると同時に、具体的な行動目標も設定し、それを後半の職場での議論に活かしていきます。

第5回は、これまでの議論を踏まえて、いつまでに何を実施するのかの見通しを持つ時間です。そして最終回には、会社の社長から、いくつかの

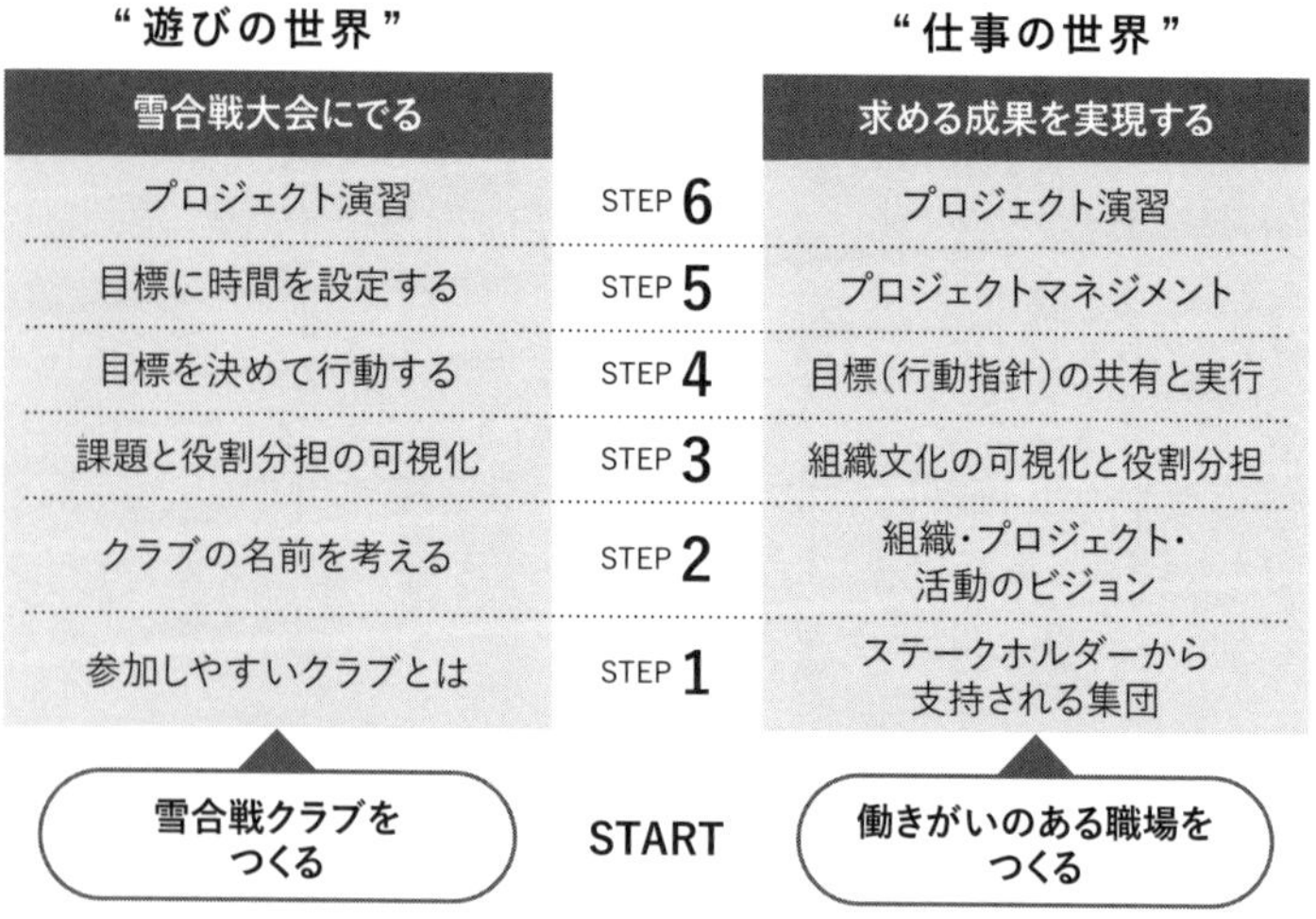

	"遊びの世界"		"仕事の世界"
	雪合戦大会にでる		求める成果を実現する
	プロジェクト演習	STEP **6**	プロジェクト演習
	目標に時間を設定する	STEP **5**	プロジェクトマネジメント
	目標を決めて行動する	STEP **4**	目標（行動指針）の共有と実行
	課題と役割分担の可視化	STEP **3**	組織文化の可視化と役割分担
	クラブの名前を考える	STEP **2**	組織・プロジェクト・活動のビジョン
	参加しやすいクラブとは	STEP **1**	ステークホルダーから支持される集団
	雪合戦クラブをつくる	START	働きがいのある職場をつくる

図③　クラブビルディング（企業研修）

課題を提示してもらい、これまでの議論や経験を活かして、どのように解決していくのかを考えていきます。

研修の時間は、第5回までが60分、最終回・第6回が120分です。2021年に関西地方の企業・二社（受講生は社内で選ばれた10人〜20人）で実践研究に取り組んだところ、どちらの会社においても、受講生全員から「社員が意欲的に取り組める」という回答を得ています。「業務に対する意識を変える」「これからの業務に活かせる内容を持つ」という回答は、それぞれA社が87％、B社が100％でしたので、クラブビルディング®は、概ね肯定的に受け入れられています。同時に、本書で追及している部活動の自治は、実社会の労働と接点を持ちうる活動とも言えるでしょう。

スポーツで試合に負けた場面で、「試合には負けたけど、この経験はきっと社会に出たときに役立つ」といったセリフを聞くことがあります。考えて見れば、社会に出たときに役立たない経験なんてほとんどない！ はずですから（「無駄な経験はない」とも言います）、このセリフは当たり前のことを言っているにすぎません。「社会に出たときに役立つ」と自信を持って言うのであれば、クラブビルディング®のように、部活動の経験を労働につなげるような見通しが必要であり、また、労働で必要な課題や取り組みを教材化し、部活動の自治に活かしていく必要もあるでしょう。クラブビルディング®は、まだ、改善の余地がある研修プログラムですが、そのような問題意識にもとづく挑戦なのです。

（神谷拓）

4

第4回

ミライにつながる役割分担

~課題の可視化と係の設定~

係とは何か？

部活動のように、集団で目的を達成しようとするとき、役割分担が必要になります。これは部活動だけではなく、学校や企業の経営においても同様です。そのため組織には、様々な役割に分けられた部署や係が存在することになります。

ちなみに「係」（カカリ・ケイ）という用語には次のような意味があります。

①つなぎとめる、つながる、かかわりをもつ。

②かかり。あることを担当する。

私たちがイメージするのは、主に②の意味かと思いますが、実際には①にあるように、みんながつながったり、かかわったりする仕組みとしての意味をもちます。そのため、部活動においても係を設定するうえで、役割分担をするだけに止まらず、つながりやかかわりを促すような仕組みが大切になります。

例えば「雑用係」というような係があって、それを技術的に劣る部員や下級生に押しつけているような状況を想定してみましょう。確かに雑用を担当し、組織運営に参加していますが、その係に割りあてられた人たちが前向きに取り組んだり、かかわったりするのは難しいようにも感じます。係を設定することで集団が分断してしまっては、係の意味にある「かかわり」も実現できません。そのため、組織全体の目標がどこにあり、それぞれの係がどのように貢献しているのかを確認しながら、みんなで協力できる体制を築いていくことが大切になります。

業務の棚卸し

企業研修などでは、人的リソースの有効活用に向けて「業務の棚卸し」を行うことがあります。通常、棚卸しとは、倉庫内に在庫がどれくらい残っているのか、数量を調べる作業を指しますが、「業務の棚卸し」も同じように、日常的な業務にどのような内容があるのかを書き出し、それを誰が、どのように実行しているのかを整理するのが目的です。最近ではＤＸ（デジタルトランスフォーメーション）が推進されていることもあり、どのような業務をＩＴやＡＩに委ねるのかも踏まえて検討されることになります。

部活動においても係や役割分担を考えるうえで、日頃の運営においてどのような課題が生じ、それを誰が解決しているのかを整理してみるとよいでしょう。本書の第1回で紹介した、クラブ・インテリジェンス・ワークシートも、部活動で生じる課題を21項目に整理し、それらを誰が解決しているのかを可視化するツールでした。このようなシートも参考にしつつ、今、自分たちがどのような課題に取り組んでいるのかを、**表4**のワークシート（部活動の運営「見える化」シート）を活用して明らかにしましょう。書き方は簡単ですが、あとで修正する可能性がありますので、ひとまず鉛筆で書くことをオススメします。

①一番左側の欄には「部活動における仕事・役割」を書きます。今、部活動で設けられている係があれば、その名称を書きましょう。また、先生や外部の指導者などが行っている仕事も書いておきます。

②次に、その仕事・役割を、現時点で誰が担っているのかを書きましょう。右側の欄に目を移すと、1年生、2年生、3年生の欄がありますので、それぞれの学年の欄に名前を書きます。部員以外の人や顧問の先生にお願いしている場合は、一番右側の「その他」の欄に書きましょう。

③すべてを書き終えると、部活動全体の運営に、それぞれの係や人がどのようにかかわっているのかが明らかになります。同時に、誰が、どのような仕事を分担しているのかも理解できるでしょう。特定の人や学年、そして先生に大きな負担がかかっている場合には、分担を調整する必要があります。また、係とは「つながり」や「かかわり」を促すものですから、それぞれの係を特定の学年だけでなく、異学年で構成できないかも検討してみるとよいでしょう。私が調査した部活動の中には、1年生の間は係をローテーションで回し、様々な役割を経験させているところもありました。

④最後に、ワークシートを見直し、新しい係を設けることができないかについても検討しましょう。新しい係を設けた際は、あらためて全体のバランスを見直し、それぞれの係に誰が所属するのかを検討することになります。

新しい係でイノベーション

新たな仕組みや慣習を取り入れて革新的な価値観を創造していくことをイノベーションと言いますが、部活動においても新しい係を設けることで、自分たちの組織の目標（第2回）や競技目標（第3回）を追

表4　部活動の運営「見える化」シート

作成日　　年　月　日

No.	部活動における仕事・役割	1年生の名前	2年生の名前	3年生の名前	その他
1					
2					
3					
4					
5					
6					
7					
8					
9					
10					
11					
12					
13					
14					
15					

求したり、発展させたりする可能性が広がります。

新しい係を考える際には、**図4**のように積木で捉えるとイメージがしやすくなります。今、考えている係は、真ん中の積木（「組織・集団」）ですが、この積木は、下の「場・環境」の積木と、上の「練習・試合」の積木をつなぐのが役割です。つまり、それぞれの係は、大きく見て「場・環境」と「練習・試合」にかかわる役割に分けることができ、この2つの場（積木）で生じる課題を、係の活動を通して、みんなで解決していくことが目的になります。

具体的には、下の「場・環境」の積木は、部活動を支えるお金、施設、時間などの条件を意味します。この課題を解決しないと活動そのものが成立しませんので、例えば、会計係や用具係が設定されることになるでしょう。そして上の「練習・試合」の積木では、どうすれば勝てるのか、上手くなるのかという課題が生じるので、例えばゲーム分析係とかトレーニング計画係などが設定されることになるでしょう。このように係の役割を大きく2つに分けて、今まで以上に自分たちで強くなったり、上手くなったりしていくうえで、どのような役割が必要なのかを考えて設定するのです。

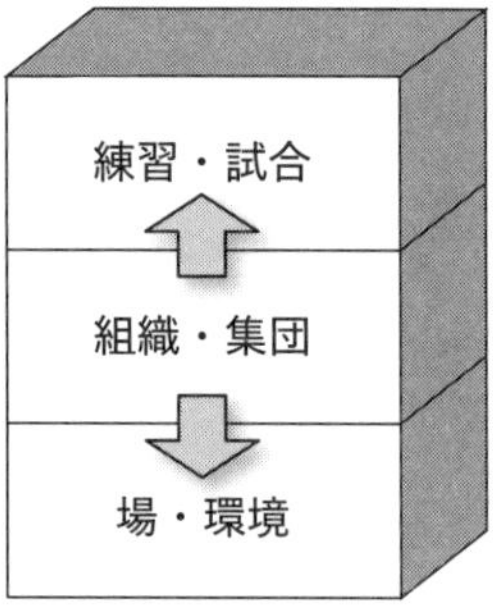

図4　係・役割分担のイメージ

スポーツを支える仕事に注目する

新しい係を考えるうえで、スポーツを支える仕事にも注目してみましょう。

大修館書店が発行している中学校教科書『最新中学校保健体育』を例に挙げれば「運動やスポーツへのかかわり方」（8－9頁）において、スポーツには多様なかかわり方があることや、運動会における係の例なども挙げられています。

高校教科書『現代高等保健体育』でも「スポーツにかかわる職業」（185頁）が「スポーツをすることにかかわる職業」の他に、「みることにかかわる職業」「支えることにかかわる職業」「知ることにかかわる職業」の観点から整理されています。

教科書以外の書籍にも視野を広げれば、『なりたい自分を見つける！仕事の図鑑』（あかね書房）では、「スポーツを楽しみ広める仕事」が「感動を伝える仕事」「教える仕事」「選手を支える仕事」「競技をする仕事」「物をつくる・売る仕事」「からだを守る仕事」「研究する仕事」「試合に関わる仕事」といった観点から整理されています。

また、ベースボール・マガジン社から刊行されている『選手をささえる人たち』は、①技術をささえる（監督やコーチ、データアナリストなど）、②体・心をささえる（アスレチックトレーナー、スポーツ栄養士、スポーツカウンセラーなど）、③生活をささえる（スカウト、通訳など）、④用具でささえる（用具係、サッカーのホペイロなど）という、全4巻で構成されています。

これらの本を読むことによって、スポーツは「する」だけではなく「支える」役割があることが理解できるでしょう。同時に、部活動の係の仕事が実社会の専門職とつながっているのですから、「支える」経験を積むことによって自らのキャリアを切り開くことも可能になります。

大切なことは、部活動を「プレー『する』」場に限定して捉えるのではなく、「支える」場としても位置づけ、係が部活動全体の運営に重要な役割を担っていることを理解し、それぞれの仕事をリスペクトすることにあります。

ポスト・部活に視野を広げる

実際に、私がこれまでかかわってきた部活動では、会計係を経験した高校生の部員が、お金の管理や運用に興味を持ち、その後、大学の経済学関連の学部に進学したという事例もあります。私は、その部員にインタビューをしましたが、会計係の仕事に関しては「やってみればできるものだなぁと感じた」と話し、「お金を扱うことで責任感が身についたと思う」とも述べていました。

さらに「会計係をやるようになってから会話が増えた」とも述べており、係の意味にある「人と人とのかかわり」が促されたことが分かります。また、会計係を通した会話が増えたことで、「これまでは言いにくかった技術的な課題も言いやすくなった」とも述べています。このような経験を武器にして大学に進学していったのです。

この他にも、かつて高校で保健体育教師を務めた平野和弘氏も、水泳部や和太鼓部の顧問として部員の自治を重視してきましたが、そこで育った教え子は、「自分で考えること、仲間を尊重することの大切さという教えは起業にもつながり、日々のビジネスで生きている」（日本経済新聞、2017年6月8日）と述べています[1]。

あるいは、教育とキャリアの関係を調査した竹石聖子氏も、「部活動やサークル活動が若者の趣味や活動を軸にしたネットワークを生み継続させることや起業していく際の重要な経験になっているケース」を紹介しています[2]。

これらの事例を踏まえると、今後、サッカー部で用具係を経験した部員がホペイロ（プロサッカーチームにいる用具を管理するプロフェッショナル）になる可能性もありますし、ゲームを分析した部員がスポーツのアナリストになる可能性もあるでしょう。また、実社会の企業において「業務の棚卸し」にもとづく協力体制や、役割分担の可視化が重視されていることを踏まえれば、部活動において同様の経験をすることは、実社会の労働に向けた準備とも言えます。

部活動は、文化やスポーツに親しむ場であると同時に、キャリア形成の場でもあるのです。このようなポスト・部活の世界に視野を広げて役割分担や係を考えることで、部活動にイノベーションが起こり、そのミライは大きく変貌していくのではないでしょうか。

出典
(1) 平野和弘「人格の形成に寄与する特別活動の自治的集団づくり―部活動指導の新たな視座―」（『駿河台大学教職論集』第4号、23-37頁）。
(2) 竹石聖子「学校経験とその後の移行過程」（乾彰夫ほか編『危機のなかの若者たち　教育とキャリアに関する5年間の追跡調査』東京大学出版会、289-309頁）。

コラム❹

生徒・学生のクラブビルディング®
―子どもの自治をサポートする挑戦―

前回のコラムでは、企業研修のクラブビルディング®について解説しましたが、今回は、学校で実施されているクラブビルディング®について解説しましょう。現在、行われている研修は、中学生や高校生を対象にした研修と、大学生が中学校や高校の部活動をサポートするために行う研修の2つに分けることができます。

最初に中学生や高校生を対象にした研修・クラブビルディング®キャンプについて解説します。

キャンプと言っても宿泊行事ではありません。1日・6時間で部活動における自治集団活動の基盤をつくることを目的にした、短期集中のプログラムを意味しています。学校からの要望に応じて内容は少し変化しますが、基本的な流れは以下の通りです。

①部活動を自分たちでつくる理由を理解する
②部活動の方針を決める
③部活動の競技目標を決める

④役割分担・係を決める
⑤各係からの提案タイム（話し合いの方法を学ぶ）
⑥まとめ・振り返り

①は導入の時間であり、本書の第1回でも触れたクラブの語源（自治と社交）について解説しながら、今回の研修の目的が「みんなで強くなっていく部活動のつくりかたを理解する」点にあることを共有します。高校生には、今回の研修が、就職や進学にどのように関わるのかについても解説することがあります（本書・第11回参照）。

②は第2回の内容です。小グループに分けて、花言葉を使いながら組織のビジョン・パーパスを考えていきます。③は第3回の内容で、富士山マンダラートを用いながら、競技目標と解決する課題を整理していきます。④は第4回（今回）の内容です。議論した目標を踏まえて、これまでの組織運営を見直し、必要に応じて新たな役割分担・係を設定します。⑤はそれぞれの係に分かれて、部活動運営の課題と改善策を話し合い、「これからどうしていきたいのか」の原案をつくります。そして、その原案を全体で議論し、承認されることで、部の方針になっていくことを学びます。このようにして、各係の役割や全体ミーティングの方法を学び、月に1回は同様の話し合い・ミーティングをする必要があることを解説します。⑥では1日の学びを振り返り、これからの部活動運営に活かす見通しを持たせます。必要に応じて、本書の第1回で紹介したワークシート・ＣＩＷを用いることもあります。

そして、このような中学校や高校における部活動の自治をサポートするための研修が、大学生を対象に実施しているクラブビルダー研修（1日・6時間）です。この研修では、まず、先に触れたクラブビルディング®キャンプの流れを確認し（午前・3時間）、次に、それぞれの自治のサポートするための方法や働きかけについて、実際の指導場面を想定してディスカッションしていきます（午後・3時間）。例えば、次のように展開します（前述の①〜⑤と対応させて下さい）。

①「クラブの語源」「自治」「社交」というキーワードを含んだ、自己紹介の文章を考えてみましょう！（1分以上3分未満の自己紹介）

②どのようにして部活動の「不満」「希望」「願い」を引き出すのかを考えてみましょう！

③競技目標にズレが生じていないかを、どのように確認したらよいだろうか。ズレが生じているとき、どのように修正したらよいだろうか？

④新たな役割分担・係が必要な時に、ビルダーとしてどのような助言や課題提示ができるだろうか？

⑤リーダーシップが発揮されていないとき（フォロワーシップが機能していないとき）、ビルダーとしてどのように話し合いをコーディネートできるだろうか？

これらの課題をグループで話し合い、実際の指導場面を想定して実演することもあります。そして、この研修にもとづいたアクション・プランを持参して、サポートする中学校や高校の部活動に介入していきます。

このような各クラブビルディング®の実践を通して、部活動・クラブの自治が少しずつ広がりを見せています。皆さんの身近にある部活動でも取り入れてみませんか？

（神谷拓）

第5回

5

必要な人材を集める方法

～ブカツの「勧誘ブランディング」～

組織と人

前回は、会社、学校、そして部活動のような組織には役割分担・係が必要であること、役割分担・係を通して人と人との「かかわり」が深まること、そして、新しい役割分担・係によって組織のイノベーションが起こることを解説しました。

今回は、そのような役割分担・係を充実させるうえで不可欠な「人」の集め方について考えたいと思います。パナソニック（松下電器）の生みの親・松下幸之助が「事業は人にあり。どんな経営も適切な人を得て、はじめて発展していくものである」と述べているように、組織を充実させていくうえで「人」の存在や資質を無視することはできません。そのため、例えば同社の関連会社では「大きな夢と高い志を持ち〝チャレンジし続ける人〟」「何事に対しても努力を惜しまず〝やり抜く人〟」「多様性を受入れ価値観を共有する〝真のコミュニケーションができる人〟」を求めています(1)。

皆さんの身近な部活動では、どのような「人」が必要でしょうか。必要な人材は、どのようにして探したり、勧誘したりすればよいでしょうか。

企業における「採用ブランディング」

部活動における部員の勧誘の話に入る前に、実社会の企業の採用活動において、どのように募集をし、採用しているのかを確認しておきましょう。今日の採用活動においては、「リクナビ」「マイナビ」などの募集サイトを通して行われるのが一般的です。つまり、多くの人が見る可能性のあるサイトに募集広告を出して、最初の段階において、できるだけ多くの人数・エントリーを集めること（分母を多くすること）が重視されます。そしてその後、説明会・選考・内定といったプロセスを辿り、大人数から優秀な人材を選び出すことがめざされます。しかし、この方法で分母の数を多くしたり、優秀な人材を選抜できたりするのは大企業で、必ずしも中小企業にとって良い方法ではありませんでした。また、実際にこの方法で採用に至っても、企業の経営方針とのミスマッチが原因で、離職する人も少なくありませんでした。

　そのため最近では、やみくもに分母を増やすのではなく「採用ブランディング」を重視する企業が増えてきています⑵。「採用ブランディング」とは、「自社の強みを、採用市場で直接、または様々な媒体やツールを利用して、一貫性を持って伝えていく手法」（傍点、筆者）と言われています。傍点を振ったように、これまでの採用市場で十分にアピールされてこなかった、組織の個性や強みを前面に打ち出して、最初から企業の経営方針などを理解してもらったうえでエントリーや入社をしてもらう点に特徴があります。そのようなブランディングは、**表5-1**のような公式で示すこ

表5-1　ブランディングの公式

B＝(b×c)v	**B** = **BLANDING BUILDING**（ブランド構築） **b** = behavior（従業員の行動） **c** = communication（パンフレットやウェブサイト、プロモーションなどの非人的部分） **v** = vision（理念・価値観）

とができます。

私たちは人を勧誘・募集する際に、どのように告知をするのか（communication）に意識が向きがちです。しかし、ブランド（B）を構築するうえで、告知の方法（c）は最終的に組織の理念・価値観（v）とかけ算をされる関係にあるので、そもそも組織の理念・価値観（v）が明確でなければ告知（c）も成り立ちません。言い方を変えれば、理念・価値観（v）が貫かれたcommunicationによって、ブランドは構築されるとも言えるでしょう。同様に、日々の従業員の行動（b）も、組織の理念・価値観（v）にもとづいていないとブランドの構築にはつながらないので、誰かを勧誘・募集する際には、従業員一人一人が組織の理念・価値観にもとづいて行動していることが大切になります。

部員の「勧誘ブランディング」

これを部活動に置き換えて、部員の「勧誘ブランディング」について考えてみましょう。まず、部活動において必要な人材を勧誘する際にも、組織の理念・価値観が重要になります。つまり、自分たちの部活動がどのような思いや願いに支えられているのか、どのような方針で運営されているのかということです。このように述べると難しく感じるかもしれませんが、既に本書の第2回において、花言葉で部活動のビジョン・パーパスを設定する方法について解説しています。これが新しい部員を勧誘するうえで不可欠な部活動の理念・価値観（v）と言えるでしょう。

さらに、そのような理念・価値観（v）を部員全員が理解し、実際にそれにもとづいて行動している姿勢（b）が、勧誘において重要になります。この点に関しても、既に第3回において、富士山マンダラートを使って、競技目標と、目標に迫るうえで求められる行動を設定しています。現状の部員の行動こそが新しい部員を引きつける意味を持つので、あらためて部活動全体で組織のビジョン・パーパスや競技目標を共有し、それにもとづいて行動できているのかを確認する必要があるでしょう。

そして、理念・価値観（v）を様々な勧誘方法（c）に貫くことも重要です。現在は、Twitter/X、Instagram、TikTok、Facebookなど多様なcommunicationが想定されますが、それぞれの媒体で異なるメッセージ・方針を出すのではなく、部活動の理念・価値観（v）を統一的に示すことが大切になります。部活動がどのような方針で運営され、どのような点に特徴があるのか、それを分かりやすく示す必要があるのです。

ペルソナの設定

では、実際に**表5－2**のワークシートを使って「部員勧誘ブランディング」を進めていきましょう。

①まず、部活動の理念・価値観（v）を明確にします。ビジョン・パーパスや競技目標を設定し、それを記入しましょう（本書の第2回、第3回）。

②部活動の理念・価値観（v）にもとづく行動（b）について確認しましょう（第3回）。これまでの活

動を振り返り、理念にもとづく行動の例を挙げ、全体で共有します。「○○○の場面で△△△ができる」という文章を4つ、つくります。ここで挙げた行動は、新入部員に求めることになりますが、先ほども述べたように、実際に勧誘している部員自身にも求められます。

③①と②を踏まえて、新しい部員に求められる資質をmust（欠かせない資質）とwant（備えていてくれると嬉しい資質）の観点から設定しましょう。例えばmustに関しては、①と②の記述内容を踏まえて、組織の理念や競技目標を理解し共感していること、みんなで決めた約束を守ること、練習だけでなく部活動の運営にも関わることなどが考えられます。これらの一つでも欠けていたら勧誘しないということです。wantに関しては、部活動の役割分担・係を想定して（第4回）、例えば、動画の編集能力がある、文字がきれい、計算が得意など、組織に役立つ資質が記載されることになるでしょう。

④これまでの情報を基にしてペルソナ（persona）を設定します。ペルソナとはラテン語で人格とか仮面の意味を持ちますが、ここでは勧誘で想定している「架空の理想的な部員」と捉えましょう（ペルソナの設定は企業の「採用ブランディング」でも重視されています）。架空の名前を設定し、入部の動機としてどんなことを話す人が理想的か、その他にも競技歴なども入れておきます。イメージを共有することが大切ですので、似ている芸能人などを入れてもよいでしょう（欄の内容は自由に変更してかまいません）。実際にそのような「理想的な部員」を見つけることは困難ですが、勧誘したい部員像を全員が共有できるメリットがあり、ペルソナに近い人に声を掛けやすくなります。また、どのようにしたら、ペルソナであげた理想的な部員に入ってもらえるのかを考える契機にもなるでしょう。そして、設定し

表5-2 「部員勧誘ブランディング」のワークシート

部員勧誘ブランディング

部活動の理念・価値観		
競技目標		
部員に求められる行動	場面で	ができる
	場面で	ができる
	場面で	ができる
	場面で	ができる
部員のmust		
部員のwant		
部員のペルソナ	名前…	入部の動機…
	競技歴…	学業成績…
	特技(得意教科)…	趣味…
	将来の夢…	似ている芸能人…

たペルソナは②の内容とも関わるはずです。つまり、自分たちが求めている理想の部員像でもあるので、ペルソナを踏まえて自分たちの行動を改善する契機にもなります。

コブシーズの事例

このような「勧誘ブランディング」に取り組むことで、これまでとは違った勧誘活動が展開できるでしょう。ここで一つの例を紹介します(3)。

男子バレーボール部のキャプテン・ツカサは、新入部員勧誘の場である部活動紹介において、次のような説明をしています。

「男子バレー部は、自分たちで課題を解決して部活動を運営しています。…略…練習に毎日は参加できない部員もいます。そういう部員も僕たちの仲間なので、事情を尊重しながら練習をしています。男子バレー部は仲間を大切にし、信頼しています。だからみんなで協力して、自分たちで部活動を運営できています。これからも、このスタイルを貫いていきたいと思っています」

「そんな思いや願いを込めて、僕たちバレー部は他の部活動とは違って、自分たちの名前を持っています。僕たちの正式な名称は『南中バレー部・コブシーズ』です。コブシは学校にも植えられている木で、春に花を咲かせます。その花言葉には『友情、友愛、歓迎、信頼』という意味があります。こういうことを大切にしながら、試合で勝ったときにはみんなで『コブシ』を高く上げたいと思っています」

「コブシーズは、1年生のことも歓迎します。バレーボールをやってみたい、バレーボールが好きだという気持ちをもっている人は、誰でも入部できます。試合や練習だけじゃなくて、一緒に部活動の運営にも汗をかいてくれる人、ぜひ、入部してください！」

これは、私が書いた小説の一場面（フィクション）ですので、実例ではありません。そのため、今後の実践研究が待たれるところですが、毎年、行われる部活動の勧誘をブランディングしていくことで、ツカサのような説明が可能になると同時に、部活動の組織運営のあり方が見直され、部員主体の活動が励まされていくのではないでしょうか。それは、将来の就職活動や労働とも関わる取り組みですから、子どもにとっても経験する意義があります。部員の勧誘は、組織に新しい血（人）が流れる大切な機会だからこそ、ミライに向けた挑戦の場にしていきたいものです。

出典

⑴ パナソニックホームページ（https://panasonic.co.jp/ew/psgs/saiyo/）（最終アクセス、2022年5月31日）。

⑵ 深澤了『知名度が低くても〝光る人材〟が集まる　採用ブランディング　完全版』（WAVE出版、2020年）。本文中の採用ブランディングに関わる内容は同著からの引用です（3－4、68、98－111頁）。

⑶ 拙著『僕たちの部活動改革　部活自治・10のステップ』（かもがわ出版、2020年、48－49頁）。

コラム❺

クラブ・インテリジェンス・ワークシート（CIW）と「働き方改革」
―部活動の自治に取り組む先生へのインタビュー―

部活動の自治は、生徒や教師に何をもたらすのか？「働き方改革」につながるのか？

部活動の自治に取り組む3人の先生に、お話を伺いました（2023年4月26日）。

ご協力いただいた先生（所属は2023年4月時点）

・堀江なつ子先生（山梨英和中学校・高等学校／剣道部顧問）

・長瀬基延先生（江南市立布袋中学校／教頭）

・三宅諒先生（長浜市立北中学校／野球部顧問）

1　CIWで自治のマインドセット！

本書の第1回で取り上げたワークシート・CIWは、部活動で自治を追求するマインドセットの意義があるようです。

堀江先生は、年に1回の代替わり時にCIWを必ず使用しています。部活動で生じる課題がＣＩＷの中で示されているので、誰がどのような課題に取り組んでいるのかに気づく契機となっています。

長瀬先生は、中学校の教職員研修でＣＩＷを使用しました。部活動指導に対する教職員全体の考え方の変革を試みるなかで、「単なる技術指導に囚われるのではなく、自治活動の支援により子どもたちの人間的成長を促すことを目的とすればいい」という考え方のマインドセットを実現し、学校経営に活かすことができました。

三宅先生もＣＩＷの使用によって、子どもが今まで関わろうとしなかった課題に取り組むようになりました。例えば、攻撃班・守備班といった練習・試合に関わる内容だけでなく、部活動の環境整備に関わる内容についても、子どもが主体的に取り組んでいます。

さらに、このような部活動における自治の経験が、授業や行事にも影響を及ぼしている一面があるようです。３人の先生は、部活動で自治を経験した生徒たちが、運動会の中で責任を持って取り組むようになったり、教師集団も自治を見守る姿勢が生まれたりして、子どもの自己決定の場面が広がっている印象を持たれていました。

2 部活動の自治だけで勤務時間は減らない！ だけれども…

では、部活動の自治は、現在、問われている「働き方改革」につながるのでしょうか。３人の先生は、部活動の自治が勤務時間の減少に「直接的には」影響しないと仰っていました。一方で、教師の負担軽減は、勤務時間だけでは計れないとも述べています。

堀江先生は、自治活動を通して、子どもの挑戦や成長に関われる点に教師としての喜びを感じています。部活動で取り組む内容が、教師の仕事と無関係だと負担が生じるのですが、授業や特別活動で追求する「主体的な課題解決」という点が共通していて、それが教師としての喜びになっているのです。三宅先生は、生徒が試合の課題を踏まえて、自分たちで練習メニューを立てられるようになったことで、事前に教師が練習を考える負担が軽減されたと述べていました。その経験から、今では子どもからの提案を積極的に運営に活かしているそうです。

また、堀江先生は部活動が自治活動となることで、他の教師にも部活動を任せられる場面が増えたと述べていました。長瀬先生の学校では、「生徒による自治」や「教員は生徒主体の活動をサポートする」という前提に立つことで、顧問教員による支援だけでなく、部の枠を超えた複数の教員で生徒の自治活動を見守ることが可能となったそうです。校内の教職員全体で各部の自治活動を見守り、教員相互に助け合う関係が広がったことが、間接的な負担軽減につながったと考えられます。

これらの意見を踏まえれば、勤務時間以外の面からも「働き方改革」を進めていくことが大切であり、部活動における子どもの自治の追求は、「働き方改革」の視野を広げる意味を持ちそうです。

3　これからCIWを使う人へ！

最後に、これからＣＩＷを使おうとしている人に向けて、３人の先生からメッセージをいただきました。

堀江先生は、生徒主体の自治活動を追求するうえで、「どんなチーム・クラブをめざすか」という組織の目標・方針の重要性（本書・第２回）を指摘していました。また、部活動という組織全体に生徒の視野を広げるうえで、「お金の使い方」

まで考えることも提案しています（第7回）。部活動で何をめざすのか（目標・方針）、それは、どのような条件（お金）によって可能になるのかを考えることで、生徒の自治が充実するからです。

長瀬先生の学校では、ＣＩＷの使い方を工夫しました。教職員全体で議論を重ね、子どもたちの発達段階や実態を鑑み、21項目の課題を10項目に絞りました。授業における「教材化」と同じように、目の前の子どもの実態を想像しながら経験させたい内容を精選する作業を行うことで、顧問教員が自治活動を支援する見通しを明確に持つことにつながりました。重要なのは、子どもの成長を促すことですから、「ＣＩＷに子どもを合わせる」のではなく、「子どもにＣＩＷを合わせていく」ことが大切です。

三宅先生は、みんなで組織を運営することと同時に、多様なリーダーを設けることを提案しています。例えば、ＣＩＷの10番目にある「キャプテン以外の役割・係を決めるのは誰か？」の課題に取り組む際に、「キャプテン以外の1人1リーダー制」を採用しています。整備リーダーや道具管理リーダーなどをつくることで、前に立つリーダーだけでなく、裏で頑張るリーダーの存在も可視化することができ、チームの中での様々な活躍を認め合えるようになりました。

３人の先生のお話を聞くと、部活動の自治や、それを可視化するＣＩＷは、部活動を変える契機になりそうです。読者の皆さんは、ＣＩＷをどのように活用しますか？

（齋藤光）

6

第6回

部活動における「権利の章典」

〜「子どもの権利」の教材化〜

部活動における権利

部活動の主人公は子どもであることに、異論がある人はいないでしょう。子どもをアスリートに言い換えたとしても、「アスリートファースト・ウィニングセカンド」[(1)]という言葉があるように、アスリート主体のトレーニングや環境整備が大切にされています。そもそも日本は「子どもの権利条約」（ユニセフ）〈注〉という国際条約を批准しており（1994年）、子どもの権利を守り、育むことを大切にしています。この条約は、全54条で構成されています。部活動に深く関わるものを取り上げれば、集会・結社の自由（第15条）、そして、休み、あそぶ権利（31条）が位置づけられており、また、第12条では、部活動などの自分に関係のあることについて、自由に意見を述べる権利（「子どもの意見表明権」）が認められています。

さらに2018年にユニセフは、スポーツや運動に取り組む場面における子どもの課題・権利に特化して、「子どもの権利とスポーツの原則」を公表し、スポーツ庁もそれを推奨しています[(2)]。具体的には、①子どもの権利の尊重と推進にコミットする、②スポーツを通じた子どものバランスのとれた成長に配慮するなどの10の原則で構成され、さらに、それぞれの原則の中で求められる具体的な行動が記されています。例えば、①の原則においては「i．常に子どもの最善の利益を考慮して行動する」方針が示され、「子どもの最善の利益を、子どもに関するすべての行動の中で最も優先する。試合における勝利だけに価値があるという考え（勝利至上主義）は必ずしも子どもの最善の利益にはつながらないこと、また、生涯にわたる子どものスポーツへの参加を促進することにはならないことに留意する」と記されています。

権利とは「文句を言ってもいい」ことだ

「子どもの権利とスポーツの原則」が示されたのは喜ばしいことなのですが、反省すべき一面もあります。そもそも現状のスポーツ指導に問題がなければ、このような原則を示す必要はありません。日本において、子どもの権利をスポーツの場面で保障することが不十分だから、「原則」が出されたという見方もできるのです。実際に、部活動における体罰、暴力、暴言の報道をたびたび目にします。それは今に始まったものではなく、長い間、続いてきた悪習なのです。

では、どのようにしたら、そのような現状を変えたり、子どもの権利を保障したりすることができるでしょうか。それに関わって、倫理学者の田村公江氏は「不公平があると感じたときには文句を言ってもいい、それが、『権利がある』ということだ」(3)と端的に解説しています。この指摘を踏まえれば、部活動における権利の保障においても、「なぜこうなのか?」「もっとこうしたい!」という、文句や意見が言える環境をつくることが不可欠になるでしょう。そういった意見が言えない環境において、体罰、暴力、暴言などの権利侵害が起こるからです。

では、どうしたら文句や意見が言えるのでしょうか。田村氏は先ほどの指摘に続けて、「『文句を言ってもいい』というからには、『文句を受け止める』ことが必要になります。しかし、上下関係、支配と服従の関係においては、当たり前のように文句を言い、当たり前のように文句を受け止める関係は成り立ちません」と指摘し、上下関係、そして、支配や服従の関係を乗り越えることを課題としています。さらに、その課題に取り組むうえで、アメリカでつくられた「若いアスリートのための権利の章典」（表6-1）を紹介し、このような「文句を言ってもいい」ことのリストをつくる提案をしています。

部活動における「権利の章典」をつくろう

では、田村氏の指摘を踏まえて、部活動における「権利の章典」をつくってみましょう。

表6-1　若いアスリートのための権利の章典

①スポーツに参加する権利（不器用な子どもにも参加する権利がある。参加する権利にはスポーツをしない権利、種目や競技の強度を選択する権利も含まれる）
②自分の成熟度と能力に釣り合ったレベルでスポーツに参加する権利
③適格性のある成人の指導者をもつ権利
④成人としてではなく子どもとしてのプレイする権利（大人は、過度な期待をかけたり、大人並みの自制心で感情を抑制したりすることを要求してはならない）
⑤スポーツに参加する際、指導方針や意思決定に参画する権利
⑥安全で健康的な環境においてスポーツに参加する権利
⑦スポーツに参加するために適切な準備をする権利（安全に楽しくスポーツをするために最低限必要なスキルを身につけること。また、現実的なゴールを設定するように助けられることも必要）
⑧成功をめざして努力する機会を等しく持つ権利（成功とは勝つことではなく、自分の潜在能力の発展に向けての努力）
⑨尊厳をもって扱われる権利
⑩スポーツを楽しむ権利

①まず、4～6人のグループをつくりましょう。

②これまでの部活動を振りかえり、「嫌だったこと」「嫌だったけど言いにくかったこと」を考えます。その際には、本書の第4回で係・役割分担を考えた時と同様に、3つの積木の観点から検討すると良いでしょう（**図6**）。この図を示しながら「練習や試合の場面を思い出そう。どのようなことが嫌だった？（嫌と言いにくかった？）指導者の意識とギャップを感じたのはどのようなこと？」「組織運営の場面を思い出そう。どのような仕事や役割が嫌だった？（嫌と言いにくかった？）どのように運営したかった？　どのような人間関係だと良い？」「部活動に関わるカネ、ジカン、バショ、ヒマ（ヤスミ）に関して意見が言えた？　どんなことを自分たちで決めたかった？」と発問します。

③議論した内容は、**表6－2**のワークシートに記入していきます。左側の欄に「指導者・先生に言いにくかったこと」を書き、それを踏まえて右側に「○○の権利」と記入していきます。右側の欄は、どのようなことに関する意見表明なのかがわかるように、端的に書くことがポイントです。

④他のグループのワークシートも参照し、特に共通点に注目しながら「部活動における権利の章典」を一枚のシートに清書します。完成したシートは、部室に貼ったり、携帯電話に写真を保存したりして、日

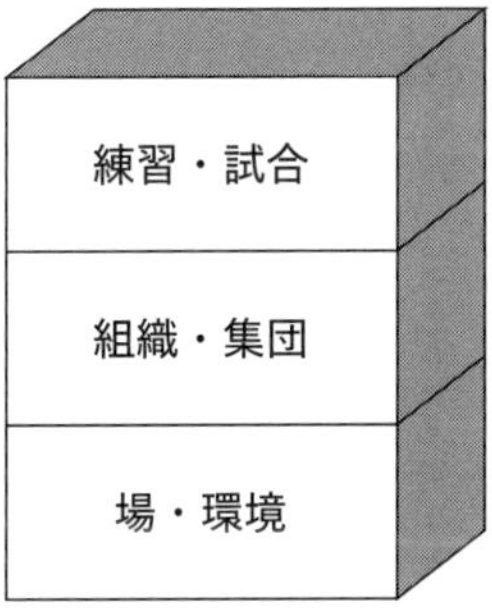

図6　スポーツの三層構造論

常的に確認できるようにしておくと良いでしょう。

⑤実際に「権利の章典」にもとづいて部活動を運営していきます。定期的に「権利の章典」を見直して、部員の権利が保障されているのかを確認したり、意見を述べたりする時間を意図的に設けることが大切です。

自治と権利の関係

このワークショップを大学生に行ったところ、**表6－3**のような「権利の章典」がつくられました。つまり過去の部活動において、これらの権利が保障されず、不満だったということです。皆さんの身近な部活動では、表の事柄に関して部員が文句や意見を言うことができるでしょうか。そのような観点から環境を整備していくことが、子どもやアスリートの権利保障に他なりません。

また、**表6－3**を見ると、部活動で生じる課題と対応していることが分かります。つまり、戦術やメニューを決めたり、キャプテンなどの役割を決めたりするという課題に遭遇した際に、自分たちの意見が言えないから不満が生じているのです。実際に「権利の章典」で挙げられた内容の多くは、本書の第1回で紹介したクラブ・インテリジェンス・ワークシート（ＣＩＷ）で取り上げた「部活動で生じる課題」と対応しています。これは、日頃からみんなで意見を出し合って課題を解決していく、民主的で自治的な部活動の運営こそが、部員の権利保障を実現する道であることを意味しています。

表6-2　部活動における「権利の章典」ワークシート

	指導者・先生に言いにくかったこと	権利の内容（○○について言える権利など）
練習・試合		権利
		権利
		権利
組織運営		権利
		権利
		権利
条件整備		権利
		権利
		権利
その他		権利
		権利
		権利

このような部員やアスリートの権利に関わって、象徴的な事件がありました。少し前に起こった、アメフト（大学）の試合における出来事です。試合を有利に進めるために、プレーが止まった後のタックル（反則）を監督やコーチが指示し、選手が実行しました。その後、その悪質なプレーはSNSやマスコミを通じて拡散され、多くの人に知れ渡ることになりました。なぜ、そのようなプレーが生じたのでしょうか。そして、周りにいる部員は、なぜ、止めることができなかったのでしょうか。最終的に、このアメフト部が出した声明文では、「監督やコーチに頼りきりになり、その指示に盲目的に従って」きたことが「今回の事態を招いてしまった一因であろうと深く反省しています」と総括されています。そして、「今後、具体的に何をしていかなければならないかについては、これから選手一同とことん話し合って決めていきたいと思います」と展望が語られました(4)。日頃の部活動の運営から見直し、話し合う環境をつくっていかなければ、何か問題があったときに発言したり、止めたりすることができず、部員・アスリートの権利も守れないからです。

私たちも、この事件を教訓にして、次のことを確認してみる必要があるでしょう。

・あなたの身近な部活動は、文句や意見を言うことができますか？
・部活動における「権利の章典」をつくることができる環境でしょうか？
・日頃の部活動の運営を、生徒が主体となって取り組んでいますか？

表6-3　部活動における「権利の章典」(大学版)

〈**全体的な権利**〉
- 不適切と感じる指導を拒否する権利
- 安全に活動する権利
- 監督の態度を指摘する権利
- 楽しむ権利
- ペナルティー・罰を受けない権利
- 話を聞いてもらえる権利

〈**練習・試合**〉
- 戦術を決める権利
- 練習試合の相手を決める権利
  (能力に合った相手と試合をする権利)
- 練習メニューを決める権利
- メンバー・ポジションを決める権利

〈**組織・集団**〉
- 部活動運営に参加する権利／意見が言える権利
- キャプテンを決める権利／やめる権利
- 役割分担を決める権利
- 目標を設定する権利
- 指導者を決める権利

〈**場・環境**〉
- 練習時間が平等に与えられる権利
- 練習時間・休憩時間を決定する権利
- 部室を利用できる権利
- 練習場所を選択する権利／練習場所を平等に使える権利
- 部費の行方を知る権利／部費の使い道を決める権利
- 必要な用具や施設を要求する権利
- 適切な人数で練習する権利
- ユニフォームを決める権利
- 休む権利

〈注〉政府訳は「児童の権利に関する条約」ですが、「本条約についての教育指導に当たっては、『児童』のみならず『子ども』という語を適宜使用することも考えられる」(1994年5月20日、文部事務次官通知)とされているので、本稿では「子どもの権利」の表記で統一したいと思います。

出典

(1) レイナー・マートン著［大森俊夫／山田茂監訳］『スポーツ・コーチング学　指導理念からフィジカルトレーニングまで』(西村書店、2013年、16-19頁)。

(2) 詳細は、https://childinsport.jp を参照（最終アクセス、2022年7月12日)。

(3) 田村公江「子どもに権利意識をもたせよう―『若いアスリートのための権利の章典』のススメ」(神谷拓編著『部活動学』ベースボール・マガジン社、2020年、197-208頁)。

(4) 朝日新聞［DIGITAL］(2018年5月29日)。https://digital.asahi.com/articles/ASL5Y5SMSL5YUTQP038.html (最終アクセス、2022年7月12日)。

コラム❻

特別支援学校のクラブと自治

歌を歌いましょう!

神戸大学附属特別支援学校のクラブ活動は、教師が弾くギターを伴奏にして、生徒と一緒に歌を歌うところから始まります。歌を終えると、教師がダンボールで作った看板を持って、各クラブの魅力を生徒に伝えます。ある日のクラブの選択肢は「うた」「さんぽ」「おたのしみ」「参加しない」。生徒は、朝の会で伝えられた3つのクラブの中から参加したいクラブを選択しますが、4つ目の「参加しない」という意思も尊重されているのが特徴的です。生徒が看板を持っている教師のところに集まると、いよいよ各クラブ活動が始まります。

「うた」クラブでは、それぞれが選曲した歌を順番に流し、エアートランポリンの上で好きな動きをします。曲に合わせてダンスをする生徒、先生とジャンプをする生徒、追いかけっこをする生徒、横にある小さなトランポリンに立って歌う生徒など…。各々の楽しみ方でクラブの時間を過ごします。「さんぽ」クラブでは、学校近くの公園の地図を見ながら、みんなで行きたいコースを決めます。「おたのしみ」クラブでは、その日に行うスポーツやルールなどをみんなで決定し、ゲームをつくり上げていきます。

私が参観した日は、新型コロナウイルス感染症の影響により3年ぶりとなった中学部と高等部合同のクラブ活動でした。その日の「おたのしみ」クラブでは、缶（ペットボトル）を隠すというオリジナルルールを加えた、缶蹴りが行われていました。また、その2週間後に行われたクラブ活動では、昼休みに生徒から「ドッジボールを体育館でしたい！」「サッカーをしたい！」という意見が上がり、両方ともクラブの時間に行うことになりました。しかし実際に始まるとサッカーのPK戦が盛り上がり、時間がなくなってしまいました。そのため、ドッジボールは次回に行われることになりました。このように神戸大学附属特別支援学校のクラブ活動においても、本書で重視されている「自治」があり、生徒が何をするのかを決めるという特徴があります。第1回で紹介されているワークシート・CIWの観点から見ると、**表⑥**のような自治活動が行われています。実際に観察をした際にも、表⑥の2と3の場面を多く目にし、生徒が自由に意見を出し合っていました。

※この表は、第1回で紹介されているワークシート・CIWの21項目のうち、対外試合に関する項目を除いた13項目の自治について教師にインタビューを行い（2022年11月24日）、その結果を抜粋したものです。

このような経験は、生徒にとって重要です。スポーツ基本法では、第2条5において「スポーツは、障害者が自主的かつ積極的にスポーツを行う

表⑥ 神戸大学附属特別支援学校のクラブ活動における自治

1	部の目標や方針	生徒が決めている。
2	練習内容	生徒が決めている。
3	クラブ活動中の 相談や作戦会議など	教師も参加し、生徒達同士で行っている。
4	キャプテン	教師が決める場合と 生徒が立候補する場合がある。
5	キャプテン以外の役割	役割を固定で決めることはしないが、 生徒達それぞれが できる役割をこなしている。
6	練習の日程、時間、場所	日程や時間は、単元で決まっている。 場所は基本的に教師が決めるが、 生徒と一緒に考える場合もある。
7	ミーティング(練習以外 の話し合いの場)の 日程、時間、場所	朝の会や休み時間、その日のクラブが 終わった後などに、生徒から突発的に 出た意見を教師がまとめる。
8	用具の準備や管理	管理は教師が行い、 準備や片づけは教師と生徒が一緒に行う。
9	施設の借用や共有 (学内)	基本的には教師が決めるが、 生徒の要求をもとに生徒と共に 解決を試みる場合もある。

ことができるよう、障害の種類及び程度に応じ必要な配慮をしつつ推進されなければならない」と述べられています。さらに、文化芸術基本法第22条においても「国は、高齢者、障害者等が行う文化芸術活動の充実を図るため、これらの者の行う創造的活動、公演等への支援、これらの者の文化芸術活動が活発に行われるような環境の整備その他の必要な施策を講ずるものとする」と述べられています。このように文化活動の充実や環境整備が法で定められているのです。

　同時に、そのような環境整備において、障がいのある人たちが何を求めているのかを発信していくことも不可欠です。障害者基本法の第10条2では、「国及び地方公共団体は、障害者の自立及び社会参加の支援等のための施策を講ずるに当たつては、障害者その他の関係者の意見を聴き、その意見を尊重するよう努めなければならない」と記されています。しかし、そのような力は自然と身につくものではないでしょう。学校における文化活動（クラブ活動）において、自分の考えや思いを発信し、それを実現していく経験の積み重ねが不可欠です。そう考えると、クラブの自治は、特別支援学校においても必要不可欠と言えるのではないでしょうか。

（岸本由佳）

7

第7回

お金の可視化と組織の自立

~ブカツがクラブであるために~

クラブの自立とお金の関係

どのような組織でも、運営にはお金がかかります。部活動やクラブも同様です。そもそもクラブという言葉は、金銭の支払い（経費の自弁）やワリカンの意味で使われてきた歴史もあります[1]。このことからも明らかなように、クラブはお金の問題も、自分たちで協力しながら解決しようとしてきた経緯があります。

そのようなクラブがつくられる前においては、お金を持っている一部の人たち（上流階級）が、運動やスポーツの担い手でした。彼らがイベントのパトロンとなり、運動やスポーツを楽しんでいたのです。しかし、パトロンはお金を出していることを理由に、競技の場所や方法、勝敗の決定、レフリーの判定などに対して口を出すこともありました[2]。

クラブにおける「経費の自弁」は、そのようなパトロンによる支配から脱却し、クラブとして自立する意味を持ちました。実際に、産業革命後に誕生したイギリスの近代スポーツクラブは、組織の運営に「自治」と「社交」、そして「経費の自弁」（ワリカン）を貫くことで、不当な支配が入り込まないようにしながら、フェアプレイや合理的なルールにもとづく「近代スポーツ」を創造していったのです。

部活動におけるお金の問題

では、現状の部活動において、お金はどのように管理されているのでしょうか。私がある県の中学校と高校を調査したところ、生徒が主体となって「部活動に必要な予算の計上・支払い」をしている中学校や高校はわずか1％であり、大人が解決している割合は中学校で84％、高校で74％でした(3)。お金の管理を「人任せ」にしているのが部活動の現状であり、それはパトロンによるスポーツの時代に「逆戻り」している状態とも言えるでしょう。そのため、今後、部活動をクラブとして成立させていくうえで、部員にはお金の問題も解決していくことが求められます。

それは、活動に関わるすべての費用を「自腹」で対応するということではありません。スポーツ基本法を取り上げるまでもなく、今日においてスポーツをすることは私たち一人一人に与えられた権利ですから、施設・設備を整備する責任は国にあります。しかし、だからといってすべてを国に依存すると、パトロンが国に変わっただけの状態になり、国によるクラブ・部活動への不当な介入が生じるかもしれません。実際に日本においても、戦争を背景にスポーツの名称やルールが変えられたことがありますし、政治的な理由でオリンピックに参加できないこともありました。ですから、国に要求することと、自分たちで対応することを区別するとともに、組織としてそれぞれのお金を管理することが大切になります。

それは、学校を取り巻く社会状況からも求められています。２０１６年から選挙権年齢が18歳に引き下げられており、それまでに政治や社会に関わる力を身につける主権者教育が求められているのです。言うまでもなく選挙で問われるのは、各政党・政治家の政策とお金の使い方です。その善し悪しを判断する力は18歳になったら自然と身につくものではなく、実際にお金に関わるなかで磨かれていくので、部活動も「お金と無関係」では困るのです。

部活動におけるお金の入口と出口

部活動における金銭トラブルに、本来の目的とは異なる形で使用してしまう不正があります。顧問が、部費として集めたお金でプライベートな買い物をしてしまったり、あるいは、本来は学校の備品を購入するためのお金なのに、部活動のためだけに使用してしまったりする事例もあります。いずれも、お金を集めた当初の目的（入口）と、実際に使用された内容（出口）が異なることでトラブルになっています。それを防ぐためには、みんなでお金の入口と出口を監視することが大切になります。具体的には、部活動に関わるお金はつぎの3つに大別することができるので、これらの観点にもとづいてお金の流れを見えるように可視化する必要があるでしょう。

まず、一つ目に「公費」があります。これは、学校の全生徒に関わる予算であり、例えば体育の授業でも使う用具・設備の整備などに充てられるでしょう。運動部活動も学校の施設を利用することになるので、「公費」で何が整備されるのか（できるのか）に注意を払う必要があります。全校の生徒にも活用でき、部活動でも利用できる備品や用具に関しては公費として請求したり、支出したりすることができるでしょう。なお、生徒会費に関しては、保護者から徴収されているので「公費」とは言えませんが、全生徒から集めている税金のような性質にあるため「公費に準じた適切な会計処理」⑷が求められます。生徒会費から部活動に支出されるお金もありますが、当然のことながらその支出内容は、全校の生徒に説明できなければなりません。

次に、「部費」があります。これは部内の全員から集めるお金ですので、購入するものは「部内のみんな」にとって必要なものになります。例えば、全員が参加する合宿や遠征などにおいては、昼食やバスの料金などが対象になるでしょう。『部費』を一部の部員のためだけに使用すると不正になる可能性がありますから、「部内の全員」に対する説明責任がともなうことになります。

最後に、「私費」です。これは、自分にとって必要なものを買うためのお金です。人によって必要度の異なる「テーピング」などを買うために使用されます。自分にとって必要なものを自分で買うのですから、説明責任は問われません。しかし、レギュラーの飲み物をサポートメンバーの「私費」で対応したりするのは不自然ですので、「私費」が「私」を超えて使用されていないかについては、注意を払う必要があるでしょう。

なお、これらのすべてに関わるお金として「寄付」があります。学校に対する「寄付」であれば公費に、部活動に対する「寄付」であれば部費に、個人に対する「寄付」であれば私費に準じて使用されることになります。当然のことながら、「寄付」をしてくれた人にお礼を述べるだけでなく、何に使ったのかを説明できなければなりません。

お金の流れを可視化する

これらの性質の違いに注意して、**表7**のワークシートを使って現状のお金の流れを確認してみましょう。

①部活動に必要なお金が、どこから出ているのかを調べ、収入の欄に記入しましょう。学校から出ているお金や生徒会費は公費に、部内で集めているお金は部費として計上します。寄付に関しても誰に対して支払われたものなのかを確認し、公費や部費に割り振ってみましょう。判断できないものは「その他」を選択します。

②次に、部活動でどのようなものを購入しているのかを調べ、支出の欄に記入しましょう。購入する予定のものも含めてかまいません。そして、それを使うのは学校の全生徒なのか、部内の全部員なのかを考えて右側の欄から選択しましょう。ここでも判断できないものは「その他」を選択します。また、購入された物を一部の人だけが使用しているような場合も「その他」を選択します。

③収入欄の「公費の合計金額」「部費の合計金額」「その他の合計金額」を計算し、「部活動における収入の総額」を記入しましょう。同様に支出欄の「『全生徒のため』の合計金額」「『全部員のため』の合計金額」「その他の合計金額」を計算し、「部活動における支出の総額」を記入しましょう。

④「収入の総額」と「支出の総額」が一致しているか、確認してみましょう。完全に一致することはまれで、購入予定の物品が含まれていることから支出の方が多くなることもあります。その際は、今後、ど

表7　部活動の収支・可視化シート

記入者（　　　　　　　　　　　　）

No.	収入（入口）			支出（出口）		
	お金を提供した人・組織	金額（見込み）	収入区分	購入しているもの （購入する必要があるもの）	金額（見込み）	支出区分 （誰のために使ったか?）
1		¥	公費・部費・その他		¥	全生徒・全部員・その他
2		¥	公費・部費・その他		¥	全生徒・全部員・その他
3		¥	公費・部費・その他		¥	全生徒・全部員・その他
4		¥	公費・部費・その他		¥	全生徒・全部員・その他
5		¥	公費・部費・その他		¥	全生徒・全部員・その他
6		¥	公費・部費・その他		¥	全生徒・全部員・その他
7		¥	公費・部費・その他		¥	全生徒・全部員・その他
8		¥	公費・部費・その他		¥	全生徒・全部員・その他
9		¥	公費・部費・その他		¥	全生徒・全部員・その他
10		¥	公費・部費・その他		¥	全生徒・全部員・その他
公費の合計金額		¥	部活動における収入の総額 ¥	「全生徒のため」の合計金額	¥	部活動における支出の総額 ¥
部費の合計金額		¥		「全部員のため」の合計金額	¥	
その他の合計金額		¥		その他の合計金額	¥	

れくらいの収入が必要なのか、そのお金はどのように集めるのかを話し合いましょう。

⑤「公費の合計金額」と『全生徒のため』の合計金額」、そして「部費の合計金額」と『全部員のため』の合計金額」を見比べてみましょう。大きな違いがある場合には、その原因と対策を話し合います。例えば、生徒会費は公費に準じた扱いが求められますが、実際には部活動を援助するために支出されていることもあり、「全生徒」ではなく「全部員」に必要なものを購入している事例があります。これは不正使用にはあたりませんが、何を買ったのかを全生徒に説明できなければなりません。また、全生徒から集めたお金を得て部活動が成立しているのですから、学校や全校の生徒に何を還元しているのかも問われることになります。

⑥最後に、収入と支出の「その他の合計金額」にも注目しましょう。これらは、部内でコンセンサスが十分に得られていないお金です。あらためてどのような目的で得たお金なのか、どのように支出することが求められるのかについて部内で共有しましょう。

可視化の実践

このようにお金の流れを可視化し、誰のために、どのようにお金を使い、使途は妥当かをみんなで考えるようになることで、トラブルや不正を未然に防ぐことができます。また、自分たちの組織の運営に、どれくらいのお金がかかるのかを知ることで、会費を設定したり、計画的に使用したりする見通しが開かれ、組織として自立することも可能になるでしょう。実際に、中学校・高等学校の剣道部の顧問をしている堀江なつ子先生は、生徒会費から支出される予算を可視化し、教師と部員で学校の鍵つきロッカーを借りてお金を管理し、支払い・支出も部員の手に委ねています(5)。

また、長野県にある松本深志高等学校では、委員会や部活動の代表者が集い、限られた予算について折衝をする「折衝会」が行われています。例年、各団体から出される予算を合計すると、生徒会の年間予算を超えます。その超過額や各団体の予算をプロジェクターで映し出し、各団体の会計担当が論議し、譲歩することで生徒会の予算内におさめていきます(6)。

このようにお金の流れを可視化し、実際に管理することで部活動の自治が強化されていきます。それは、部活動がクラブとして自立していくプロセスであり、そのプロセスは部員を社会の主人公へと導く主権者教育でもあるのです。

出典
(1) 中村敏雄『クラブ活動入門　スポーツの変革とクラブの創造』（高校生文化研究会、1979年、28-32頁）。
(2) 中村敏雄『スポーツの風土』（大修館書店、1981年、17-21、60-61頁）。
(3) 拙稿「コロナ禍で問われた運動部活動の『5つ』の課題」（『体育科教育』第68巻8号、26頁）。
(4) 岡山県教育委員会「学校徴収金等取扱マニュアル　令和3年3月改訂版」79頁。
https://www.pref.okayama.jp/uploaded/life/682805_6572085_misc.pdf（最終アクセス、2022年8月5日）。
(5) 堀江なつ子「運動部活動の実践」（神谷拓編著『対話でつくる教科外の体育』学事出版、2017年、172-173頁）。
(6) 松本深志高校ホームページ　https://www.fukashi-hs.ed.jp/student/school-life/sessho-kai/（最終アクセス、2022年8月5日）。

コラム❼

長野県高等学校教職員組合の提言

―様々な教員が話し合ってうみ出された部活動の展望―

第7回の内容は、部活動とお金の関係についてでした。この論点は、教師に置き換えて考えることも不可欠です。これまで部活動の指導に関しては、十分な手当が支給されなかっただけでなく、超過勤務労働の時間が増えているにもかかわらず、人員の整備が行われてきませんでした。つまり、教師が部活動に関わるために必要なお金が、充分に支払われてこなかったのです。このような矛盾を背景に、教員間の人間関係が悪くなったり、軋轢が生じたりすることもありました。

そのようななか、長野県高等学校教職員組合は、2022年に部活動問題検討委員会を発足し、8月から月に2回ペースで議論を行ってきました（議論のコーディネートは私・神谷拓が行いました）。12月には高校生3人、保護者2人、地域スポーツ指導者1人をゲストスピーカーとして招き、「生徒、保護者等の声を聞く会」を開催し、合計11回の議論を経て2023年の2月に提言がまとめられました。委員には、部活動に肯定的な教員だけでなく、消極的な教員も含まれており、それらの人が膝を突き合わせて議論した成果・到達点とも言えるでしょう。多くの地域・学校で参考になるかと思いますので、長くなりますが全文を掲載しておきます。

長野県高等学校教職員組合・部活動問題検討委員会提言

1―これまでの部活動が果たしてきた意義

●これまで学校で実施されてきた部活動は、生徒が身近に文化活動に接したり、深めたりする場として成立してきた。具体的には、生徒がやりたいことを自分の意思で追及し、資質や能力を高める場として位置づけられ、気分転換や心を落ち着かせる場として機能してきた一面があり、人間関係を広げたり、実社会に向けた生活習慣を身につけたり、目標に到達するまでの自治を経験したりする場として教育的意義を有してきた。学校教育の観点から捉えれば、教育課程の活動と関連づけて実施することで、教員が生徒理解を深めたり、組織運営や人間関係づくりに関わる専門性を発揮したり、部活動における指導の経験を教育課程の活動に活かしたりしながら、教育活動としての質を担保してきた一面がある。

2―これまでの部活動における課題

●教育的意義を有してきた部活動であるが、その一方で、勝利至上主義・体罰・暴力・ハラスメント・非科学的な練習といった指導に関わる問題や、活動意欲の差を背景にした生徒の分断、さらには人間関係の軋轢・いじめといった組織運営に関わる問題が生じてきた。同時に、保護者からの「勝利」や「競技成績」の要望が圧力になり、様々な問題の要因になってきた。また、教員の勤務時間外の労働について定めた給特法（超勤4項目）には部活動が位置づけられていないにもかかわらず、実態としては部活動の指導が超過勤務労働の一因となったり、教材研究などの業務（本務）を圧迫したりする状況が生じてきた。他にも、部活動の顧問に「安全管理」以上の役割が求められてきたことから、専門的な指導ができない教員にとって、部活動顧問が精神的に大きな負担になることもあった。

3―部活動の地域移行・地域展開の意義

●このような意義と課題をふまえ、持続可能な部活動に向けて、地域との連携や地域移行が進められようとしている。学校と地域が連携して生徒の文化活動を保障することによって、長期スパンの指導が展開できたり、世代や学校の枠を越えた交流を育んだり、教員の負担を軽減したりすることが期待できる。そのため、今後、高等学校において地域との連携や、部活動の地域移行を検討する際においても、生徒の文化活動に関わる格差が生じないように配慮しながら、教員の負担が軽減するように持続可能な部活動の在り方を検討していく必要がある。

4―部活動の地域移行・地域展開の課題

●しかし、現状は課題が山積している。部活動の受け皿となる学校外の施設が整備されていない地域も多い。また、近隣に施設があったとしても、部活動による予約が集中することで、地域住民による活動が制限されかねない。一方で、少子化や指導者不足を背景に展開されている「合同部活動」に関しても、都市部の学校間では連携できる可能性があるが、中山間地においては日程や時間などの調整が困難であり、地域間の格差が生じかねない状況である。

●指導者の面では、そもそも部活動指導を依託できる人材を確保できない地域も多く、また、確保できた地域においても、指導者の都合に合わせる必要があることから、開始時刻や帰宅時刻が遅くなったり、親の送迎がないと参加できなかったりする状況も生じている。指導者の資質の面では、教育的な配慮ができる外部指導者・部活動指導員によって、充実した活動を展開している事例がある一方で、ハラスメントや勝利至上主義の問題を生じさせることもある。謝礼に関しては未だ財源が不十分であり、無償で対応しているケースがほとんどである。

5 ― これからの部活動の方針と条件整備

基本方針 1

国や自治体は、これまでの部活動の意義と課題を踏まえ、教員の労働環境の改善を前提にして、持続可能な部活動の在り方を検討する。

対策①…給特法や超勤4項目との矛盾を解決する

●現状の部活動の問題は、給特法や超勤4項目といった教育制度と、教育現場における部活動指導の実態との乖離によって生じているため、国は教員の労働環境の改善を前提にした法整備をする。

対策②…持続可能な部活動に向けた多様な展開をサポートする

●自治体は、持続可能な部活動に向けた、各学校による取り組みのサポートをする。具体的には、部活動を地域に移行、展開する、教員が関わりながら部活動を続ける、部活動の数を減らす、複数の学校による活動を認める、専門的な指導ができない教員には「安全管理」以上の責任（専門的な技術指導など）を求めないなど、多様な展開を認めるとともに、その条件整備を進める。

基本方針 2

国や自治体は、生徒が学校でも地域でも部活動をはじめとする文化活動に取り組めるように条件整備をする。

対策③…施設、指導者の整備

●学校と地域の施設を整備するとともに、教員、外部指導者、部活動指導員など適切な指導者を配置できるようにする。その際には、地域・自治体によって、サポートの在り方や公費負担の額が異なることがないようにする。

対策④…安全な環境に向けた「立ち会い」の体制

●部活動や文化活動における安全な環境を保障するために、保護者、シルバーセンター登録の住民、退職教員などによって立ち会う体制や、教員による立ち会いの輪番制（交代で1人～2人が立ち会う体制）が可能となるように条件整備をする。

対策⑤…指導者と生徒に対する研修

●部活動に関わる指導者が、国が示すガイドラインを順守し、生徒一人一人の成長を見守り、負担が生じないようにすると同時に、部活動に参加する生徒が大人に依存せずに、主体的に部活動やクラブを運営できるようにする研修（部活動に関わる指導者と生徒の研修）を行う。また、日常の活動や大会において、学校と地域の連携が求められることがあるため、研修の内容には、教員、地域住民、生徒の意思疎通に関わる内容を含むことが望ましい。

基本方針 3

国や自治体は、部活動の指導に関わる教員に対して、手当の整備や勤務時間の調整を進める。また、部活動をはじめとする文化活動の享受に関わって、経済格差が生じないように各家庭への補助を整備する。

対策⑥…部活動に関わる手当や補助の整備

●部活動をはじめとする生徒の文化活動に携わる指導者・顧問に対しては、平日、休日を問わずに、指導した時間に応じた手当を支給する。また、顧問を引き受ける教員が支払うライセンス料、登録料、被服や用具については公費での補助を行う。

●大会の運営に関しては、現状では教員が関わる必要があるため、そのための手当も支給する。

●これまで学校の部活動で支出してきた費用以上に経済的な負担が生じないように、各家庭に対する補助を充実させる。

基本方針 4

学校長及び自治体は、全ての教員が部活動を担当することを前提とせず、教員による選択を可能にする条件整備を進める。顧問を希望しない教員は、引き受けないことができるようにする。

対策⑦…顧問の選択制が実現するまでの条件整備

●顧問の選択制の環境が整備されるまでの過程においては、教員間の勤務時間や校務分掌の差に起因した、軋轢や分断が生じないような措置が求められる。具体的には、部活動指導の実態や、生じている問題を正確に把握し、援助を求めている教員・顧問に助言や情報提供を行うとともに、必要な人材を配置したり、教員定数を増加したりするなどの措置を通して、業務の総量を調整していくことが求められる。

（神谷拓）

8

第8回

トレーニング計画を立てる

～「ジシュレン」を自主的な練習にする～

「ジシュレン」は自主練習か？

運動部活動でよく使われる言葉に「ジシュレン」があります。いわゆる自主的な練習です。「自主」とは「他からの保護や干渉を受けずに独自に行うこと」を意味しますから、他の人と一緒に実施する通常の練習・トレーニングとは別に、自分の考えにもとづいて実施するのが本来の意味の「ジシュレン」と言えるでしょう。第3回においてモチベーションの話をしましたが、自分で考えて実行するからこそ「やる気」が生じて、意味のあるトレーニングになります。

元メジャーリーガーの上原浩治さんは「自主練は自分を知るため、確認するために必要」という考えの持ち主ですが、私との対談の中で以下のように語っています。

「シーズンオフのトレーニングを誰かと一緒にやるのがあまり好きではなく、なるべく1人で行っていました。ウォーミングアップをしながら、『今日はどれだけ走ろうか』『どういうトレーニングをしようか』と考えていましたね。僕は下半身のケガが多かったこともあり、下半身をしっかり鍛えて身体を思い通りに動かせるようになる必要があると感じていたので、自主練というと走ることが中心でした」(1)

上原さんが述べるように、自分に足りないトレーニングを考え、実施するのが目的ですから、誰かと一緒にやる必要はありません。一人一人の課題に応じてメニューが異なっているからこそ、全体の練習ではカバーしきれない、自分自身のトレーニングになるのです。当然のことながら、休息が必要だと自分で判断すれば「やらない」という選択肢も認められることになるでしょう。

しかし、実際の「ジシュレン」は、それとは異なることが多いようです。これまで私が接してきた生徒や学生からは「指導者がジシュレンのメニューを決めていた」「ジシュレンと言いながら監督が目を光らせていた」「友だちと一緒にやるのがジシュレンだと思っていた」「全体練習の時間が長くてジシュレンをやる時間や余裕がなかった」といった話を聞きます。なぜ、部活動における「ジシュレン」は、本来の自主的な練習にならないのでしょうか？

使われない新体力テストと保健体育の教科書

「ジシュレンのやり方がわからない」といった話も聞きます。確かに、自分に足りない点や、それを補うトレーニングの方法がわからなければ「ジシュレン」を実行することはできません。そして「やり方がわからない」という話が事実だとすれば、学校の体育に関わる諸活動は、子どもの「ジシュレン」に関わる学習や経験を十分にさせていないことにもなるでしょう。

しかし、実際は異なります。そもそも今日まで学校で実施されてきた「全国体力・運動能力、運動習慣等調査」（通称「新体力テスト」）は、体力の現状や課題を明らかにし、生徒の生活改善に活かすことが目的とされています(2)。例えば、例年の調査には「記録シート」が添付されており、ステップ①新体力テストの結果を記録しよう！⇩ステップ②日常的に運動やスポーツに取り組もう！⇩ステップ③生活習慣を振り返ってみようという段階で、日常生活に活かすことを求めています（令和3年度版[3]）。現在は小学5年生と中学2年生を対象に行われていますが、それ以外の学年の運動部員に対しても調査を実施することは可能ですから、「ジシュレン」に関わる基礎的運動能力や、基礎的運動要因の課題は明確になるはずです。

次に、保健体育の教科書（ここでは『最新 中学校保健体育』大修館書店を例に論じます）にも目を向けてみましょう。中学1年生の保健で学ぶ「運動と健康」では、適度な運動が体力や体の抵抗力を高め、疲れにくい体をつくるのに役立つことが指摘され、「中学生の私たちにとっては、部活動や地域のスポーツクラブでの活動をはじめ、掃除や洗濯などの家事を積極的に手伝うこともよい運動になります」（21頁）と書かれています。そして中学2年生の体育理論では、「運動やスポーツの体と心への効果」を詳しく学びますが、その学習の一環として「体力向上のための計画」を立てることが求められており、また、客観的に体力を調べる方法として「新体力テスト」が紹介されています（63、176頁）。実際に、計画の立て方についても、①自分の体力を調べる⇩②ねらいを明確にする⇩③計画を立てる⇩④計画を実践するという段階で説明されています。

これらの学習や経験を部活動に活かすことで、「ジシュレン」が自主的な練習になっていくのではないでしょうか。高校の教科書では、さらに発展的に学ぶことになるので、より高度で洗練された「ジシュレン」になっていくはずです。しかし、冒頭で述べたように「ジシュレンがわからない・つくれない」という部員・生徒が多く存在します。そのような状況は、部活動だけでなく、保健体育の学習面から見ても問題なのです。

「ジシュレン」の計画を立てよう！

保健体育の教科書（中学校）で示された手順に沿う形で、**表8**のワークシートを活用しながら部活動における「ジシュレン」の計画を立ててみましょう。

①まず「体力を調べる」の欄を埋めていきます。体力テストの記録や結果をもとに、ワークシートの得点をつけ、右側のグラフも作成してみましょう。得点やグラフから、自分の体力の傾向や課題が明らかになるかと思いますので、気がついた点を書き込んでおきます。

②次に「ねらいを明確にする」段階に入ります。①の分析を踏まえて、何のために、どの体力の要素を、どの程度まで高めたいのかを明確にします。バランスよく体力をつけることを考えながら、強化する体力要素を、筋力（筋肉が働いて生み出す力）、瞬発力（強い力を瞬間的に発揮する力）、筋持久力（筋力を発揮し続ける力）、全身持久力（全身を使った運動を長く続ける力）、調整力（上手な動きができるように運動を調整する力）、柔軟性（体の各部位のやわらかさ）の中から選択しましょう。

③計画を立てる段階に入ります。どんな運動を、いつ、どこで、どのように行うのか（運動の強さ、繰り返し回数、実施頻度）を決めます。基本的なトレーニングメニューは、保健体育の教科書で紹介されていますし、それぞれの競技に特化したメニューは専門書やweb上の動画で紹介されているので参考に

するとよいでしょう（ただし、教科書に記されているように「トレーニングの適時性」には注意する必要があります）。科学的なトレーニングに関わる学習会を実施してきた部活動もありますし、自分が考えたり見つけたりしたトレーニングメニューを、他の部員に共有・紹介する時間をつくることで、全体の底上げを図っている部活動もあります。

④実際にトレーニングを行います。まず、実施期間を自分で決めて、ワークシートの一番上の欄に記入します。トレーニングを開始したら日数や回数を記録しておき、設定した期間が終了した際には「辛かった」「ラクになった」と主観的に評価したり、実際に筋肉の太さを測ったりしながら、トレーニングの成果を記入しましょう。トレーニングの成果を確認するために、定期的に記録会を行う部活動もあります。

⑤その後、トレーニングの反省点や改善点を記入し、次の計画へと活かしていきます。回数を調整したり、別のトレーニングメニューを位置づけたりすることが考えられます。

このように、体力テストの経験や、保健体育で学習した内容を活かす方法を知っていれば、「ジシュレン」と言われても戸惑うことはないはずです。しかし、「運動部活動の在り方に関する総合的なガイドライン」において、平日の活動は2時間、休日の活動は3時間という目安が示された際には、全体の練習時間が短くなったことに対して多くの部活動（部員）が戸惑いました。その背景には、「足りない部分はジシュレンでカバーする」と考えられなかった実態があるのではないでしょうか。同様の状況は、新型コロナウイルス感染症によって、活動や時間に制限が設けられた際にも見受けられました。保健体育教師は、このよ

表8　ジシュレン・シート

ジシュレン・シート（期間　　月　　日〜　　月　　日）名前

	体力テストの得点		体力テストのグラフ
①体力を調べる	a 握力	点	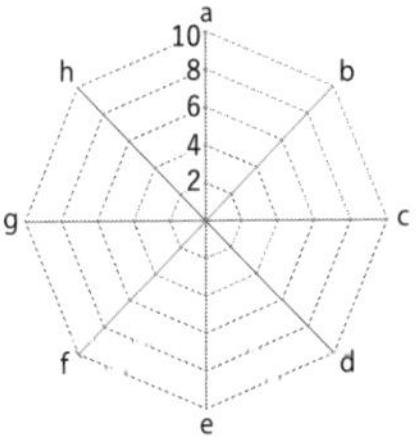
	b 上体起こし	点	
	c 長座体前屈	点	
	d 反復横跳び	点	
	e 20mシャトルラン／持久走	点	
	f 50m走	点	
	g 立ち幅跳び	点	
	h ハンドボール投げ	点	
	自分の体力の特徴と課題		
②ねらいを明確にする	**トレーニングの目的**		
	・何のために…		
	・強化する体力は…（筋力・瞬発力・筋持久力・全身持久力・調整力・柔軟性）		
	・どの程度まで高めたいのか…		
③計画を立てる	**トレーニングの内容**		
	・どんな運動を…		
	・いつ…		
	・どこで…		
	・どのように…		
	・強さ…		
	・時間・回数…		
	・頻度…		
④計画を実践する	**トレーニングの成果と課題**		
	・実施した日数・回数…		
	・トレーニングの成果…		
	・トレーニングの反省点…		
	・トレーニングの改善点…		

うな状況を直視し、保健体育と部活動を関連づけたカリキュラム・マネジメントによって改善を図っていく必要があるでしょう。

教科書以外にも「学び」を広げる

部活動やクラブは、自治や社交を基盤にして新しい文化を生み出していく場です。実際に日本で運動部活動が始まった当初においても、部内の「研究活動」が重視されており、大学の運動部による書籍も出版されていました(4)。現在の部活動も、既存の知識に縛られる必要はありません。トレーニングに関しても視野を広げて、教科書には書かれていない知見を取り入れながら、積極的に新しいメニューを開発したいものです。

例えば、トレーニングは地味だし、体に負荷がかかるので、やる気がでないときもあるでしょう。その際には、脳研究で指摘されている淡蒼球《たんそうきゅう》の学習が役立つかと思います(5)。

脳研究の分野では、脳の中央にある淡蒼球が刺激されることによって、やる気が生じると言われています。しかし、淡蒼球は自分の意思では動かすことができないので、周りにある前頭葉、運動野、海馬、テグメンタを刺激することでアプローチする必要があります。例えば、トレーニングのやる気が出ないときには、とりあえず直接関係のない行動でも動いてみることで運動野が刺激され、淡蒼球のスイッチを入れることができます。あるいは、場所を変えたりするなどの、いつもとは違う環境や行動によって海馬が刺激され、同様にスイッチが入ります。他にも、自分にごほうび（快感）を与えることによってテグメンタが刺激され、「誰かになりきる」ことで前頭葉が刺激されます。こういった教養も学習しておけば、やる気がでないときでも自分なりの対策を考えることができそうです。

さあ、書（本）を持ってブカツに参加しましょう！　そのことで切り開かれるブカツのミライがあるはずです。

出典

(1)　神谷拓編著『部活動学　子どもが主体のよりよいクラブをつくる24の視点』（ベースボール・マガジン社、２０２０年、10頁）。

(2)　文部科学省『子どもの体力向上のための取組ハンドブック』（２０１２年、１４４－１４５頁）。

(3)　スポーツ庁ホームページ　https://www.mext.go.jp/sports/b_menu/toukei/kodomo/zencyo/1411913_00002.html（最終アクセス、２０２２年9月15日）。

(4)　拙著『運動部活動の教育学入門　歴史とのダイアローグ』（大修館書店、10－12頁）。

(5)　上大岡トメ・池谷裕二『のうだま　やる気の秘密』（幻冬舎、２００８年、94頁）

コラム❽

部活動の教育課程化・カリキュラリゼーション
―部活動の自治と小学校のクラブ活動―

第8回では、保健体育の学習を運動部活動につなげることが提案されました。このように教育課程の延長に部活動を位置づけ、発展的に学習していく見通しも必要ですが、反対に、課外の部活動における自治の研究や実践が、体育授業、体育行事、総合的な探究の時間に活用されることがあります。例えば、高等学校の「総合的な探究の時間」で取り組まれた実践研究では、「組織の方針」（本書、第2回）、「目標」（第3回）、役割分担（第4回）、進路の検討（第11回）が教材化されるとともに、各授業の終盤でアクションプランを設定することで、主体的な課題解決の力を育てることがめざされています(1)。このように、自由時間の課外活動・部活動の取り組みが、教育課程の教育活動を励ましている事実があるのです。それはカリキュラリゼーションとも呼ばれます（第12回）(2)。

現在、小学校で実施されているクラブ活動も、課外の部活動を教育課程に位置づけて全員が学ぶようにしたものですから、カリキュラリゼーションの一つと言えるでしょう。そのため、これまでに取り組まれてきた部活動の自治に関わる研究成果を教材化し、指導に活かすことも考えられます。私は、大学の教員になる前は小学校の教諭でしたが、次頁**表⑧**のような活動計画を考えました。

　まず、オリエンテーションでは、クラブの名称や「めあて」を決める必要がありますので、本書の第2回、第3回を教材化し、活かすことになるでしょう。また、1年間の活動を進めていくうえで、自分たちで解決する内容を明確化したり、役割分担やグループ分けを行ったりする際にも、第1回や第4回の内容が教材として活用できそうです。さらに、クラブ発表会については、部活動でイベントを開催するにあたっての原理（第10回）が活かされることにより、自治のスキルが高まります。また、これらの活動で蓄積されたワークシート・ポートフォリオがあれば、最後の振り返りも充実することでしょう（第11回）。このような方法で、本書の内容を小学校のクラブ活動に活かす道もあるのではないでしょうか。そのことで、中学校や高校における部活動の自治も充実していくと考えられます。

（髙田佳孝）

出典

(1) 詳細は、神谷拓「体育からクラブへ～運動部活動の教材化」（『月刊　兵庫教育』２０２１年、８４８号、26-29頁）、神谷拓編著『運動会指導の原理と実践』（大修館書店、60-71頁）を参照。

(2) カリキュラリゼーションに関しては、神谷拓編著『対話でつくる教科外の体育　学校の体育・スポーツ活動を学び直す』（学事出版、２０１７年、１６９頁）を参照。

表⑧　小学校のクラブ活動における年間活動計画の例

（〇〇〇〇〇〇〇〇〇〇〇〇〇〇〇〇）クラブ　　1年間の活動計画

クラブのめあて：〇〇〇〇〇〇〇〇〇〇〇〇〇〇〇〇〇〇〇〇

クラブ長：〇〇〇〇　副クラブ長：〇〇〇〇　記録：〇〇〇〇　活動場所：〇〇〇〇

学期	回数（日にち）	活動内容	取り組む自治の内容	本書で参考になる回
1	1回目（4/16）	オリエンテーション	クラブの名前／めあて決定	第2回／第3回
	2回目（4/23）	1年間の活動計画を立てる	自分たちで解決する内容の明確化／役割・グループ分け	第1回／第4回
	3回目～（5/14） 4回目～（5/21）	基本練習	練習方法 （富士山マンダラートの観点から振り返り）	第3回
	5回目～（5/28） 6回目～（6/11）	応用練習	新しい練習方法と 求められる役割の確認	第3回 第4回
	7回目～（6/18） 8回目～（6/25）	簡単なゲーム	ゲームのルールの決定と 役割の確認	
	9回目（7/9）	試合（ゲーム）		
2	10回目（9/10）	1学期の振り返りと 2学期の活動の確認	作成したワークシートを 確認する	第1回～ 第4回
	11回目～（9/17） 13回目～（10/15）	試合（ゲーム）	試合（ゲーム）のルールの決定	第3回 第4回
	14回目～（10/22） 17回目～（12/10）	リーグ戦	リーグ戦のルールの決定	
3	18回目（1/21）	クラブ発表会に向けて話し合い	発表会のめあて決定／発表会を決める／役割分担	第10回

9

第9回

保健の学習と部活動の自治

～自分たちで安全な環境をつくるには？～

「スポーツにはケガがつきもの」だけど…

「スポーツにはケガがつきもの」と言われます。実際に皆さんの周りを見ても、スポーツでケガをした人は多いことかと思いますが、そのなかには深刻な事例も含まれます。独立行政法人日本スポーツ振興センターは『学校管理下の災害』を刊行していますが[1]、その中には死亡したり、障害を負ったりした件数や事例が示されています。しかし、災害や事故には予見できるものもあり、事故後の対応を的確に行えば被害を最小限に抑えることができます。「スポーツにはケガがつきもの」だからこそ、安全な活動に向けた学習や体験を通して、できるだけ災害や被害を少なくしていくことが大切なのです。

しかし、スポーツ指導の現場では、そのような意識が低いようです。ユニセフが刊行している「子どもの権利とスポーツの原則」[2]においては、すべての子どもが安心してスポーツを楽しめるように「10の原則」を提示していますが、そのなかには「子どもの健康を守る」ことが含まれています。具体的には、「子どもの身体的及び精神的健康を守る」ことがめざされており、「子どもの心身の健康に負の影響を与えないように配慮し、子どもをそのような状況に追い込むことは、虐待にもつながり得ることを認識する」と厳しく指摘されています。日本のスポーツ指導において、依然として「心身の健康に負の影響」を及ぼしている実態があるから、このように指摘されているのでしょう。

また、部活動は学校の教育活動ですから、子どもに安全な環境を提供すると同時に、生徒が自分たちで安全な環境をつくっていくための教育が必要になります。例えば中村浩也氏は、「生徒が『膝が痛い』などの身体的問題を訴えてきた場合に、指導者が仮にその解決に向けた具体的方法を思いついたとしても、安易に対症療法的に対応しない、というアプローチの有用性について検討する必要がある」と述べ、「生徒にその痛みの原因について考えさせ、どうすれば膝の痛みが和らぐのか、また痛くならないようにどうすべきかなど、学びを深める場でなければなりません」と指摘しています。このようにして「生徒が自分たちで学習や活動を進めていく運動部活動の自治と、スポーツ事故の予防とを結び付けていく」ことが大切なのです(3)。

保健体育と部活動は関連づけて指導されているのか？

周知の通り、学校で学ぶ保健体育には、心身の健康に関わる学習内容が位置づけられています。例えば、保健体育の教科書（ここでは『最新 中学校保健体育』大修館書店を例に論じます）の「ストレスへの対処のしかた」（中学1年生、50-51頁）では、①原因に対処する、②受けとめ方を見直す、③信頼できる人や専門家に相談する、④気分転換やリラクセーションなどをするといった対策が示されています。そして、学習のまとめとして、以下の事例について話し合うことが求められています。

課題：「部活動の練習中、ミスが続いたら、キャプテンから『もっとしっかり練習してよ』」といわれた。

「キャプテンはぼくのことが嫌いなんだと思い、落ちこんだ」Aさん。Aさんが前向きな気持ちになれるように、ほかの受けとめ方ができないか、意見を出しあい、いろいろな可能性を考えてみよう。

また中学2年生では「けがの防止と応急手当」(96-119頁)について学びますが、そこでは「けがの原因と防止」「応急手当の意義と基本」「心肺蘇生法の流れ」「心肺蘇生法」「止血法、包帯法、固定法」などが内容として位置づけられています。これらの学習と運動部活動を関連づけることができれば、事故の予防や対策につなげることができるでしょう(具体的な方法は後述します)。

さらに中学3年生では「感染症の予防と健康を守る社会の取り組み」(132-153頁)について学びます。そこでも「感染症と病原体」「感染症と体の抵抗力」「感染症の予防」が内容に位置づけられていますから、例えば近年の新型コロナウイルス感染症の対策を部活動で講じる際には、これらの学習と関連づけることができそうです。

このように、保健体育で学ぶ心身の健康に関わる学習は、運動部活動における健康や安全の管理と密接に関わります。そして、高校ではさらに発展的に学ぶことになるので、より質の高い安全管理が実現するはずです。しかし私は、保健体育の学習と部活動を関連づけた実践事例を知りません。むしろ、保健体育の学習と部活動を「別物」と捉え、「二足の草鞋」で指導している教員もいるようです。例えば、年に数回でも、保健体育の教科書を持って部活動に参加する部員や教師を見たことがあるでしょうか。「そんな奇妙な光景は見たことがない」という方もいるでしょう。しかし先にも述べたように、保健体育は子どもの安全や健康に関わる教科ですし、それを生活で活かすように指導するのが保健体育の教師です。そのことに同意できるのであれば、前回においても指摘したように、保健体育と運動部活動を関連づけるカリキュラム・マネジメントに取り組むのが自然であり、それが「奇妙な光景」であっては困るのです。

ポスターを作る！

保健体育の学習と運動部活動を関連づけたカリキュラム・マネジメントによって、どのような活動が展開できるでしょうか。そのことを考える際に、金澤良氏らがまとめた『みんなでつくる学校のスポーツ安全』（少年写真新聞社）が参考になります。この本は、「先生と子どもたちがスポーツ事故の予防と対応に一緒に取り組む必要がある」（3頁）という問題意識から刊行されたものですが、生徒が自分たちで安全管理に関わるポスターを作れるようにしている点が優れています。以下、この書籍と教科書を活用した「心肺停止に関わる応急手当」の活動案について紹介しておきます。

①最初に、既に完成しているポスター⑷（**図9**）を見て、応急手当の大まかな流れを確認します。

②次に、この応急手当の根拠となる情報や知識について学びます。『みんなでつくる学校のスポーツ安全』では、これまでの事故の発生状況、心肺停止とは何か?、2分以内に心肺蘇生を開始すれば「蘇生率が90％」であること、AEDができること、死戦期呼吸について解説されていますが（22－23頁）、同様

の情報は保健体育の教科書にも記載されています。

③そして、実際にポスターにもとづいて、気道の確保、呼吸と脈の観察、胸骨圧迫を実施します。

④学習したことを振り返りながら、ポスターのイラストを自分たちで撮影した写真に置き換えて、オリジナル・ポスターを作ります（『みんなでつくる学校のスポーツ安全』には、オリジナルの写真が組み込めるように、イラスト部分を空白にしたフォーマットも所収されています）。

このようにして、運動部活動で保健の学習を活かす機会が設けられることによって、健康や事故の予防に関する部員の意識が高まるのではないでしょうか。自分たちで安全なスポーツ環境をつくっていくことは、部活動の自治を追求していくうえでも重要です。本書の第4回で示した**図4**を用いれば、部活動という組織・集団は、練習・試合の基盤となるだけでなく、安全な場・環境をつくっていく基盤でもあります。保健の学習は、練習・試合に集中しがちな

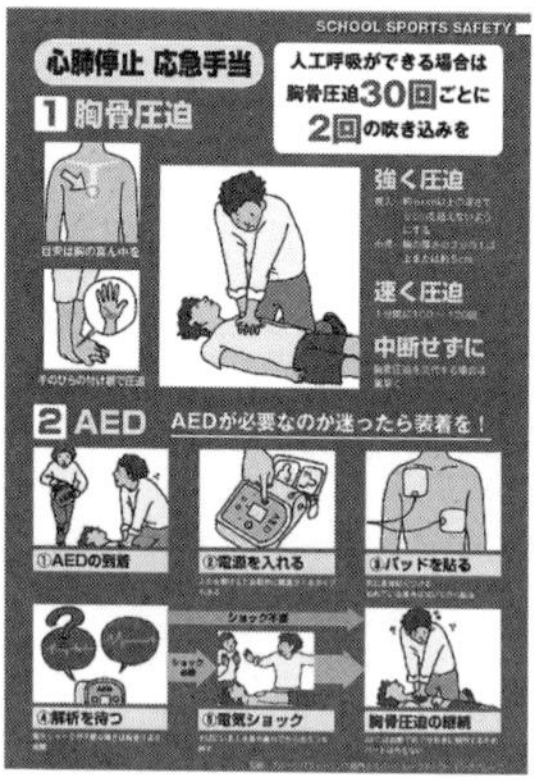

図9　心肺停止・応急手当ポスター

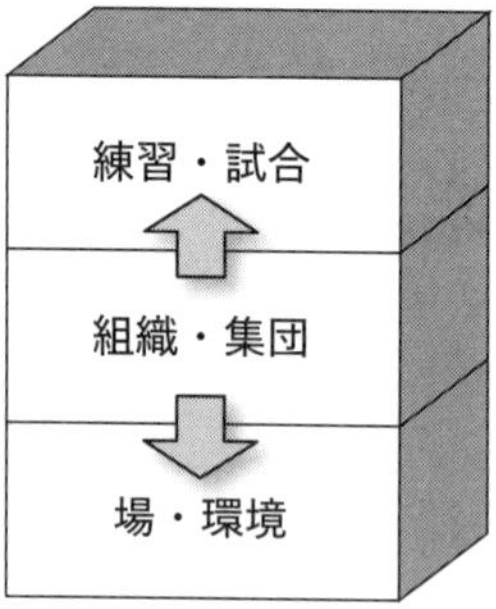

図4　係・役割分担のイメージ（再掲）

部員の意識を場・環境へと向けさせる意味を持ち、部活動の自治を広げていく契機となるのです。

運動部活動の自治とヘルスプロモーション

学校保健・保健科教育を専門とする久保元芳氏は、部員が自分たちで安全管理などの課題を解決していく運動部活動の自治と、ＷＨＯによるヘルスプロモーションの考え方の共通点に注目しています(5)。ヘルスプロモーションは、「人々が自らの健康とその決定要因をコントロールして改善できるようにするプロセス」を意味しており、保健の授業でも「健康や安全に関する地域活動に参加したり、国や地方自治体の健康及び安全に関する政策や制度に関心をもったり、そうした社会環境の整備に実際に関わったりできるような、資質や能力を育成すること」がめざされています。同様に、運動部活動における保健の学習を基盤にした自治集団活動も、スポーツを支える安全な場・環境に働きかけるものであり、ヘルスプロモーションに関わる資質や能力の形成と結びついているのです。

そのような前提に立って、久保氏は「新学習指導要領で求められている、『主体的・対話的で深い学び』を意識した保健の授業を着実に実践することにより、その波及効果として、運動部活動場面における生徒の健康・安全の保持増進に関する実践力の向上や、生徒の自治に関する資質や能力の向上などにつながりやすくなる」と述べ、保健の学習と部活動を結びつけるカリキュラム・マネジメントを提案しています。すなわち「運動部活動においては、部の方針の決定、年間計画とそれにもとづく練習計画の作成などにあたって、生徒同士の主体的な話し合いの機会（ミーティングなど）が不可欠」ですが、その際に、保健の授業で取り入れられている生徒の主体的な参加を促す様々な方法（ブレインストーミング、事例を用いたディスカッション、課題解決的な学習など）を活用すると、話し合いがより効果的かつ効率的に展開できるのです。具体例としては、保健の授業で取り入れられている指導方法であるケース・スタディーを運動部活動でも活用し、部員が直面するストレスやリスク要因を取り込んだ物語を通して、暴力の防止について考えるプランを示しています。

久保氏の提案や本稿で示した実践などによって、保健の学習と運動部活動が結びつき、運動部員が安全な環境を自分たちでつくる力が身につくのではないでしょうか。そのような学習や自治の環境を整備する役割を果たせるのが、保健体育教師であるのは言うまでもないでしょう。

出典
⑴ 日本スポーツ振興センター『学校管理下の災害』
https://www.jpnsport.go.jp/anzen/kankobutuichiran/kankobutuichiran/tabid/1988/Default.aspx （最終アクセス、2022年10月10日）。
⑵ ユニセフ「子どもの権利とスポーツの原則」 https://childinsport.jp （最終アクセス、2022年10月10日）。
⑶ 中村浩也「運動部活動における医科学サポートの在り方―スポーツ事故の防止と運動部活動の自治」（神谷拓編著『部活動学』ベースボール・マガジン社、2020年、242頁）。
⑷ 金澤良ほか『みんなでつくる学校のスポーツ安全』（少年写真新聞社、2020年、21頁）。
⑸ 久保元芳「保健の授業と運動部活動をつなぐ」（前掲書⑶、150‐156頁）。

コラム❾

クラブ・部活動は権利行使の基盤である
―部活動と法の関係―

第9回では、場・環境の整備と部活動の関係が話題になりました。今回のコラムでは、すこし視野を広げて、法の観点からそれらの関係について考えていきます⑴。

そもそも部活動は、やりたい人が集まって、自分たちで活動をつくっていくものです。国から強制されたり、命令されたりするものではありません。そのような権利のことを「自由権」と言います。日本国憲法の中でも、第13条において「幸福追求権」、第21条において「表現の自由」、第26条において「教育を受ける権利」が記されており、これらを根拠にしてスポーツの「自由権」を述べることができるでしょう。

では、スポーツは自由に行うものだから、「国は全く関与しない」という状況でもよいのでしょうか？　例えば、施設や設備などはどうでしょう。過去においては、お金を持っている人たちだけが施設や設備を所有でき、スポーツに取り組んだり、意見を言ったりすることができました。しかし、今の時代に同様のことがあったら困ります。そのためヨーロッパでは、1975年にヨーロッパ・スポーツ・フォー・オール憲章が採択され、その第1条では「すべての個人は、スポーツに参加する権利を持つ」と記されるとともに、第6条では「スポーツへの参加の規模は、とりわけ、施設の広さ、多用性および利用のしやすさによって左右されるのであるから、全般的な施設計画は、公的機関の所管事項として考えられるべきであり、地域、地方および国家にとっての必要性が勘案されるべき」と主張されました（同様の方針は、1992年の「新ヨーロッパ・スポーツ憲章」第4条の3に継承されています）。このように、国の責任によって自由を保障したり、自由を実現するための条件整備を国に求めたりする権利を「社会権」と言います。日本国憲法においても、第25条において「健康で文化的な最低限度の生活」、そして、第26条において「教育を受ける権利」について記されており、それらを根拠にスポーツの「社会権」を述べることができるでしょう。

しかし、憲法でスポーツの「自由権」や「社会権」に関わる記述があるからといって、環境整備が進むわけではありません。自分たちが何を求めているのか（求めていないのか）を声に出して要求する必要があります。実は、そのような場としてクラブや部活動という、組織的な活動が重要な意味を持ちます。例えば、イギリスの近代スポーツクラブは、自分たちでスポーツのルールをつくったり、条件整備を進めたりしてきた歴史があります。クラブという組織的な活動を通して、自分たちの意思を明確にして、スポーツの「自由権」や「社会権」を実現してきたのです。日本国憲法でも、第21条において「結社・表現の自由」が保障されています。法社会学者の川島武宣氏は「憲法が集会結社の自由・表現の自由・学問の自由を保障するのは、これらの自由をとおして政府と国民との間の事実上の力の均衡をはかり、それによって『権利』の実質的な基礎をつくりだす、という機能をもつからだ」と述べています(2)。このことを踏まえれば、運動部活動においても自治や社交を追求し、自分たちの意思を反映させていくという行為は、スポーツの「自由権」や「社会権」の基礎として重要ですし、見方を変えれば、スポーツ基本法で記されている「スポーツの権利」を保障するには、その基礎となるクラブ・部活動を推進する必要があるということになるでしょう。

ちなみに、憲法に紐づけられた各基本法を見ても「意思を表明する権利」や「参加の権利」が位置づけられています（こども基本法第3条と第11条、文化芸術基本法の第2条、障害者基本法の第10条と16条）。一方で、教育基本法やスポーツ基本法には、同様の表記が見られません。教育やスポーツは、他の法・分野に比べて「意見表明の権利」への問題意識が弱いとも言えます。それ故に、運動部活動における自治や意見表明の実現が遅れてきたという見方もできますが、だからこそ、今日の運動部活動において自治を追求し、自らの意思を表明していく経験が必要だということもできるでしょう。

（神谷拓）

出典

(1) 本コラムの内容は、拙稿「クラブ、部活動と地域」（一般社団法人スポーツと都市協議会監修『都市とスポーツ　ASC叢書第5巻』２０２３年、拙稿「部活動の地域移行が失敗する理由と今後の検討課題」日本教育法学会編『日本教育法学会年報』２０２４年刊行予定）を参考にしています。

(2) 川島武宣氏『日本人の法意識』（岩波新書、65-66頁）。

10

第10回

イベントでブカツを強化する

～学校、ビジネス、社会運動との関連性～

イベントは交流を育む

社会には様々な組織がありますが、それらの場においてイベントが重要な役割を担っています。今回は、部活動でイベントを開催する意義と方法について考えたいと思います。結論を先に述べれば、イベントには組織の中に新たなコミュニティーや価値観を生み出したり、交流を促したりする役割があります。

例えば、学校においても運動会などの行事があります(1)。運動会は、「五穀豊穣」や「子どもの健全育成」などを目的に開催されてきた、地域の祭を教材化したものです。地域の祭においては、コミュニティーで団結して、自分たちの意志・気持ちを表現・表明することが大切にされてきたので、学校における運動会においても、子どもの意志や気持ちをテーマやスローガンで表現したり、それに向けて団結したりすることがめざされてきました。

企業の場でも、イベントを活用してビジネスコミュニティー（以下からBCと省略します）をつくる取り組みが見られます(2)。この中には、自社の製品を愛用している顧客が交流する場を設けることで、ファンを広げたり、魅力を高めたりすることも含まれます。あるいは、社会運動などの社会に変化を求める活動においても、一つ一つのイベントが重要な意味を持ちます。そのような活動を組織する方法は、コミュニティー・オーガナイジング（以下からCOと省略します）と呼ばれています(3)。アメリカの事例を挙げれば、草の根運動を展開することで、オバマ氏を米国初の黒人大統領に導いた手法としても知られています。ＣＯにおいても、身近なアクションやイベントを積み重ねていく「キャンペーン」が重視されています。

このように様々な場で開催されるイベントは、コミュニティーの交流を生み出したり、促したりする役割を果たします。クラブの語源には「社交」という意味が含まれていますから、部活動においてもイベントを有効に活用していく必要があるのではないでしょうか。

イベントの企画・運営に共通する原理

先に触れた学校の行事、ＢＣ、ＣＯで取り組まれるイベントの企画・運営には、共通する原理がありますので、そのことを解説しておきましょう。

⑴　イベントの目的や共有する価値観を明確にする

まず、何よりも、何のためにイベントを開催するのか、その目的や価値観が重要です。例えば、学校の運動会の指導においても、会の道標となる「テーマ」に生徒の意志（思いや願い）を組み込むことが重視されています。ＢＣにおいてもビジョンの設定が重視されており、それは「あらゆる意思決定の判断基準」とされています。そのため、「自分たちの会社が実現したいことと参加者のメリットが合致する部分を言語化」していくことになります。ＣＯにおいても、なぜ自分（たち）が行動しているかについて他者にわかってもらうために、その価値観を伝える「パブリック・ナラティブ」が重視されており、具体的には、いつ、どのように、その価値観が培われたのか、ストーリーを語ることが求められています。

(2) 目的や価値観を伝えるために有効な手段や内容を決める

目的や価値観を伝えたり、共有したりするために、どのような手段や内容がふさわしいのかを考えます。学校の運動会では、テーマを実現するのにふさわしいセレモニーやプログラムが検討されることになります。BCにおいても内容・コンテンツが重要です。BCにおいて特徴的なのは、参加できない人に向けてイベントの様子を伝えて、擬似体験してもらうコンテンツまでを検討する点です。具体的には、既に開催したイベントを、動画や音声、テキストなどで記録し、YouTubeやPodcast、自社メディア、ブログ、メールなどで配信することになります。COにおいても、自分たちが持っているもの（資源）を必要な力（パワー）に変え、ほしいものを手に入れることを「戦略」と呼び、「戦略」を具体的に実行する手段としてデモや集会などの「戦術」が重視されています。

(3) どのような協力体制や役割分担で実施するのかを決める

次に考えるのが、(2)の内容や取り組みを実行に移すために必要な協力体制や役割分担です。運動会でも、教師と生徒で役割分担をしたり、様々な係が設けられたりします。同様に、BCでも集客、進行、会場運営、メディア対応など、業務内容の割り振りが決められます。COにおいても、「チームを自治するためのノーム（みんなで決めた合意事項・「みんなの約束」）」が設定されたり、能力と役割の要件をマッチングしたりすることが重視されています。

(4) どのような資源（時間・場所・用具・費用など）で実施するのかを決める

どんな魅力的なイベントも、必要な資源がなければ実現できません。そのため、運動会でも、練習をするための時間、場所、スケジュール、用具などが検討されることになりますし、それはBCにおいても同様です。COにおいても、協力して活動をしていくために、お互いの持つ資源、つまり「スキル、エネルギー、時間、人脈、もの」を出し合い（交換し）ながら、一緒に取り組んでいくことが大切にされています。

新入部員の歓迎会を企画しよう！

表10のワークシートを活用しながら、部活動における新入部員の歓迎会を企画してみましょう。先の(1)～(4)で示した共通の原理を踏まえることで、部活動のイベントは学校行事と関連づけることが可能になるとともに、ビジネスや社会運動とも関連するので、将来に向けた準備になります。

①自分たちの組織の理念（ビジョンやパーパス）を書き出しましょう。既に本書の第2回においてビジョンやパーパスを設定する方法を解説していますが、あらためて自分たちはどのような組織なのか、どのような組織であることを共有したいのかについて書いてみましょう。

②イベントの目的を、①の組織の理念との関係を踏まえて設定します。例えば、組織の理念に「部員一人一人を大切にする」といった方針が含まれているならば、その方針を歓迎会でも貫くことを考えます。「上級生が、新入生の一人一人の不安を聴き取り、実体験をもとにアドバイスをすることで、新入生が部活

動に参加する見通しをもてるようにする」といった目的が設定されるでしょう。目的が決まったら、その下の欄にあるイベントの「タイトル・テーマ」も決めましょう。誰が見てもイベントの趣旨や目的がわかるようにする必要があります。「〇〇部・カタリバ歓迎会―新入生のお悩み、私たちが解決します！」というようにです。

③イベントの内容（概略）を決めます。イベントの目的に迫るために、どのような催しを開催するのかについて記します。中核となるプログラムを記載するイメージで書くと良いでしょう。次に、その中核となるプログラムの前後の流れを検討し、「イベントの進行表」の欄に記載しましょう。先ほどの例で言えば、「上級生が下級生の悩みに耳を傾ける時間・カタリバ」が中核に位置づくことでしょう。その前には、部活動の紹介（組織の理念や一年間のスケジュールなど）、参加者の自己紹介などの時間が設けられることになります。そして「カタリバの時間」を挟んで、最後は参加者からの感想を聞く時間などが設けられるかと思います。適宜、休憩の時間を組み込むことで、余裕を持った進行になるようにしましょう。

④BCで重視されていたように、参加できない人に向けたコンテンツを用意できないか、検討してみると良いでしょう。当日の様子を写真や動画などに記録し、SNSなどの媒体で共有することで、参加できなかった人ともつながることができます。参加者もイベントを振りかえることができるので、いっそう交流やつながりが促されるでしょう。

⑤イベントの目的や進行表などが具体化されると、実現するために必要な役割分担や物品がイメージしやすくなります。係を設定するなどして、それぞれの個性を活かしながら全員で協力できる体制をつくる

表10　「新入生の歓迎会」企画ワークシート

<table>
<tr><th colspan="3">新入生の歓迎会を企画しよう！</th></tr>
<tr><td>組織の理念</td><td colspan="2"></td></tr>
<tr><td>イベントの目的</td><td colspan="2"></td></tr>
<tr><td>タイトル・テーマ</td><td colspan="2"></td></tr>
<tr><td>イベントの
内容（概略）</td><td colspan="2"></td></tr>
<tr><td rowspan="6">イベントの
進行表</td><td>1…</td><td>6…</td></tr>
<tr><td>2…</td><td>7…</td></tr>
<tr><td>3…</td><td>7…</td></tr>
<tr><td>4…</td><td>9…</td></tr>
<tr><td>5…</td><td>10…</td></tr>
<tr><td colspan="2">その他（留意事項）</td></tr>
<tr><td rowspan="2">参加できない
人に向けた
コンテンツ</td><td colspan="2">使用するツール</td></tr>
<tr><td colspan="2">使う場面・シーン</td></tr>
<tr><td rowspan="6">役割分担</td><td>（　　　）係…担当：</td><td>（　　　）係…担当：</td></tr>
<tr><td>（　　　）係…担当：</td><td>（　　　）係…担当：</td></tr>
<tr><td>（　　　）係…担当：</td><td>（　　　）係…担当：</td></tr>
<tr><td>（　　　）係…担当：</td><td>（　　　）係…担当：</td></tr>
<tr><td>（　　　）係…担当：</td><td>（　　　）係…担当：</td></tr>
<tr><td colspan="2">その他（留意事項）</td></tr>
<tr><td>前提となる
条件・環境</td><td>日時…
場所…
費用…
必要な道具…</td><td>その他（留意事項）</td></tr>
</table>

と同時に、必要な物品なども共有し、準備を進めていきます。係の考え方やつくり方は本書の第4回を、お金の管理については第7回を参照しましょう。

祭りのあと―イベントが自治を強化する―

イベントをやり切ると、そこで培った経験は組織に還元されていきます。学校の一つ一つの行事も、それを節目として新たな生活への意欲を生み出します。BCにおいても「安定した企業経営や事業の成長・拡大を実現するには、『コミュニティー思考』が必須」と考えられており、イベントの開催と日常的な経営の関連性が注目されています。COにおいても「たとえ運動そのものの目的を遂げられなくても、活動の過程で人々の間につながりを生み、草の根のリーダーシップを育てることで、コミュニティの力を高めること、より健全な市民社会を創ることができる」と言われています。このように、イベントは組織やコミュニティーを元気にする「栄養剤」なのです。

それは部活動にも当てはまります。自分たちの価値観にもとづいて、みんなで課題を解決していくイベントのプロセスは、これまで本書で紹介してきたクラブづくりのプロセスと共通します。言い方を変えれば、クラブづくりのプロセスを、短期間に凝縮したものがイベントの企画や運営なのです。ですから、日頃から理念にもとづいて自治的な運営ができている部活動はスムーズにイベントを開催でき、組織運営の一連の流れを再確認することができます。一方で、イベントで上手く進まないところがあれば、それは日頃の組織運営の課題とも関わりますから、改善していく契機になるでしょう。このように、部活動におけるイベントは、組織運営の指標・メルクマールになり、「社交」や「交流」を育むと同時に、「自治」のスキルを高めることにもつながるのです。

出典

(1) 本文中の運動会の内容については、神谷拓編著『運動会指導の原理と実践』(大修館書店、2022年、20‐22、112‐116頁)を参照。

(2) 本文中のビジネスコミュニティの内容については、河原あずほか『ファンをはぐくみ事業を成長させる「コミュニティ」づくりの教科書』(ダイヤモンド社、2020年、25、29、31、35、48‐52、63、190、205、221頁)を参照。

(3) 本文中のコミュニティー・オーガナイジングの内容については、鎌田華乃子『コミュニティ・オーガナイジング　ほしい未来をみんなで創る5つのステップ』(英治出版、2020年、1‐2、30‐31、50、83、88‐96、106、129‐130、151、191‐192頁)を参照。

コラム⑩

少子化時代の新しい大会！
―松宮俊介先生のエンジョイベースボール大会の取り組み―

本書の第５回や第10回においては新入部員を集める方法が解説されていましたが、実際に少子化にともなって、試合に出るためのチームを編成できない状況が見られます。例えば静岡県静岡市では、少子化による部員不足のため大会参加が難しいという問題を受けて、市教委が指定したグループ（エリア制）で活動をする「シズカツ」を行っています（朝日新聞　２０２３年５月１日朝刊）。しかし、近隣の学校で一緒に活動ができればよいのですが、そのような条件に恵まれているのは都市部の学校だけではないでしょうか。

さて、このような少子化の課題に取り組む実践に、滋賀県の松宮俊介先生（教師歴23年）によるエンジョイベースボール大会があります。松宮先生が赴任した中学校において、野球部は部員不足で自校だけで大会に出場することができませんでした。そこで、近隣の野球部の顧問に大会の開催を持ち掛け、３つの趣旨（①すべての子どもたちが野球を楽しめること、②自主自治的な活動の創造、③部活の地域移行を考えるきっかけを作り出すこと）について、保護者、管理職、地域の方々にも理解と合意を得ていきました。そして、2022年9月に第1回大会が開催されるに至ります。

エンジョイベースボール大会は、様々な工夫が施されています。例えば、「打順はチーム全員で一巡とする」というルールがあります。11人のメンバーがいれば、11人で一巡になります。すべての子どもが打席に立てるようになっているのです。また、2試合目以降の打順は、前の試合の続きから始めるというルールもあり、全員に平等なチャンスが巡ってきます。この他にも、「1試合で3か所以上のポジションを守る」というような、野球の技術向上に関わる工夫もされており、試合後の合同練習には保護者や顧問も参加し、少人数では行うことができない練習が行われています。しかし、生徒はお客さんではありません。大会運営にも参加することが求められ、審判、ボールパーソン、得点の記入などは、試合を行っていないチームの生徒が行います。エンジョイベースボール大会は、あくまでも生徒の大会ですから、開閉会式の司会も生徒が行っています。

このような数々の工夫には、松宮先生の「すべての子どもたちに野球を楽しんでほしい」という想いが詰まっています。それは生徒の保護者も同様でしょう。エンジョイベースボール大会では必ず打席が回ってくるので、「我が子の打席に立つ姿を見たい」という保護者の願いも叶えることができるのです。大会後の感想文には、「他の大会とは違うのびのびした空気感が子どもたちからすごく伝わるので、そこから生まれる笑顔が大人にもいい伝染してます！」と書かれています。また、

「ライバルチームと笑い合って練習したりは特に中学生には機会もないと思うから、吸収することもリスペクトすることも、人として大きいなと思っています」という意見も寄せられています。

エンジョイベースボール大会は、生徒にも好評です。ある生徒は、「前までは野球は監督が絶対だし、試合中楽しく笑うことはありませんでした。野球と言えば、コワくてカタいスポーツのイメージが強かったです。けれど今の野球は自分の意見を言え、とても楽しいスポーツだと思えています」と感想を述べています。また、「野球と言えば、他チームと仲良くせずに真面目にって感じがあったけど、全然他チームともしゃべって仲良くしてもいいんだと思えた」という感想も寄せられています。生徒は、公式戦ではない、エンジョイベースボール大会から多くのことを学んでいるようです。

少子化にともない、多くの人の発想は「地域移行」や「合同部活動」に向かいがちですが、少ない部員でも参加できるフレキシブルな大会運営によって、部活動を改善・充実していくこともできるのではないでしょうか。引き続き、松宮先生のエンジョイベースボール大会の動向に注目しましょう！

（※本コラムは、松宮先生の書かれた実践記録などの資料と2023年4月27日に実施したインタビューにもとづいて執筆しています）

（川村昴）

表⑩　エンジョイベースボール大会の変遷

第１回大会	日程	2022年９月
	参加校数	５校
	チーム数	４チーム
	ルール（攻撃）	・無死、０B、１Sランナー１塁からスタート
	ルール（守備）	
	ルール（その他）	・１試合１時間 ・３試合の合計得点で最も多く得点したチームを優勝とする
第２回大会	日程	2022年11月
	参加校数	６校
	チーム数	６チーム
	ルール（攻撃）	◎１回と３回に無死満塁からスタート ・それ以外の回は無死、０B、１Sランナー１塁 ◎打順はチーム全員で１巡とする（２試合目以降の打順は前試合の続きから始める）
	ルール（守備）	◎１試合に３か所以上を守る
	ルール（その他）	・１試合１時間 ・３試合の合計得点で最も多く得点したチームを優勝とする ◎選手が１度ベンチに退いても再び出場することができる ◎打順や守備などは選手と顧問が話し合って決める
第３回大会	日程	2023年３月
	参加校数	６校
	チーム数	６チーム
	ルール（攻撃）	・１回と３回に無死ランナー１・２塁 ・それ以外の回は無死、０B、１Sランナー１塁 ・打順はチーム全員で1巡とする（２試合目以降の打順は前試合の続きから始める）
	ルール（守備）	・１試合に３か所以上を守る ◎守備が０点に抑えたら、守備側に２点追加
	ルール（その他）	・１試合１時間 ・３試合の合計得点で最も多く得点したチームを優勝とする ・選手が１度ベンチに退いても再び出場することができる ・打順や守備などは選手と顧問が話し合って決める

※表中の◎は、前大会から新たに加わった内容を示している。

11

第11回

ポートフォリオによるプロセスの自己評価

〜「これまで」と「これから」の可視化〜

入試制度の改革——部活動のプロセスへの注目——

これまでの入試において、部活動は評価の対象とされてきました。具体的には、内申書・調査書において競技成績と徳目の観点からの評価が進められてきました[1]。競技成績の評価はスポーツ推薦入試と結びつき、日本の競技力向上を支える役割を担いました。しかしそれは、勝利至上主義的な指導や運営の原因でもありました。体罰・暴力などの問題のある指導も、高い競技成績を残して進学や進路に結びつくことで、正当化されてしまう状況があったのです。一方で徳目の観点からの評価も、教師が子どもの心を管理することにつながり、子どもは従順にならざるを得ず、問題がある指導でも受け入れる状況が生じました。

私は、このような問題や制度を批判してきました。同時に、競技成績や徳目に代わる評価として、学校卒業後にクラブをつくり、運営する力（自治内容）の評価を提案し、それは日頃の部活動における課題解決の経験と結びついていることを指摘してきました[2]。その発想は、昨今の国による入試改革においても活かされています。令和5年度大学入学者選抜実施要項[3]には、入試で用いる調査書のサンプルが掲載されています。注目すべきは、様式の枠、文字の大きさ、そして枚数が「任意」とされている点です。書くスペースが限られていると、競技成績や、キャプテンなどの役職をコンパクトに記すしかありませんが、枠の大きさや枚数を「任意」とすることで、具体的な情報を記すことが可能になります。そして実際に、試験を実施する大学には、そのような資料を用いて「入学志願者の能力・意欲・適性等を多面的・総合的に評価・判定する」ことを求めています。例えば、部活動に関しては、競技成績を記す欄だけでなく、「具体的な取組内容、実施期間、その活動における特徴等を記載する」欄が設けられています。また、「その他」の欄でも「生徒が自ら関わってきた諸活動、生徒の成長の状況に関わる所見など、特に必要と認められる事項等について記入すること」が求められています。このように、勝利至上主義の背景にあった「結果のみの評価」から、「過程・プロセスの評価」へと変わってきているのです。

さらに要項では、志願者本人が記載する「活動報告書」（**表11**）を用いた選抜を重視しています。この報告書では、「『総合的な学習の時間』、部活動、生徒会活動等において取り組んだ課題研究等」を記載し、その「研究テーマを選んだ理由」について述べるとともに、「概要・成果」を解説することを求めています。つまり、部活動で、どのような課題に取り組んだのか、その課題を選んだ理由はどこにあるのか（大学のアドミッション・ポリシー【入学者受け入れの方針】とどのように関わるのか）、実際に課題解決の過程で何を身につけたのかを記すのであり、各大学にはその資料を用いた面接やディベートなどによって、適性を判断することを求めています。

プロセスの可視化と成長の自覚

本書で紹介してきた内容とワークシートを活用すれば、入試における「プロセスの評価」に対応できます（①〜⑩は本書で掲載している回を示し、【　】内は用いたワークシートを示しています）。

①自分たちでどのような課題に取り組むのかを決める【クラブ・インテリジェンス・ワークシート】
②花言葉で組織のビジョン・パーパスを決める【クラゲチャート】
③競技目標に到達するまでの行動を決める【富士山マンダラート】
④課題を可視化し役割分担・係を決める【部活動の運営「見える化」シート】
⑤部活動に必要な人を集める【「部員勧誘ブランディング」のワークシート】
⑥言いたいことが言える環境をつくる【部活動における「権利の章典」ワークシート】
⑦部活動に必要なお金を管理する【部活動の収支・可視化シート】
⑧体育の学習と関連づけて自主練のメニューを決める【ジシュレン・シート】
⑨保健の学習と関連づけて安全な環境に向けたポスターをつくる【心肺停止・応急手当ポスター】
⑩組織の「自治」と「社交」を強化するイベントをつくる【「新入生の歓迎会」企画ワークシート】

これらは、生徒が自分たちで組織をつくる挑戦でした。しかも、それぞれの取り組みにおいてワークシートを活用しているので、活動のプロセスが「証拠」として残ります。このような「学びの証拠」をストックしたものをポートフォリオと言います。人の記憶は曖昧ですが、蓄積されたポートフォリオの情報があれば、そこから課題に取り組んだ際の記憶が蘇ります。あの時は先輩にアドバイスがもらえて嬉しかった、普段はおとなしい○○の発言に驚いた、あの時の△△をきっかけに自分の考えが変わった、意見の食い違いがあって悲しかった……。このような振り返りを通して、部活動で何を得たのか、どのようなことに興味があるのか、どのような資質や能力があるのかといったことを、生徒自身の言葉で語れるようになり、それが次の行動の原動力になっていくのです。教育心理学者の梶田叡一氏は次のように述べています。

「振り返り、見返り、反省、どのように呼んでもよいが、これらはいずれも、自分自身の活動の跡をみつめ直し、さらには自分自身のあり方を考え直してみることである。これはまた、自分自身のことについての自己内対話、内的リハーサルの基礎となる活動といってもいい。あらかじめ結論じみたことを述べておくならば、こうした振り返りを通じてはじめて、自分の体験したことが自分自身の経験となっていき、自分の内面的な世界にそれが組み込まれていくのである。そして、こうしたことの累積によってはじめて、自分の判断や言動の内的な拠り所もできていくのである」(4)

この指摘を踏まえれば、ポートフォリオを活用した振り返りによって、部活動における自分自身の経験を確認するとともに、それを新たな自分の判断や言動へとつなげていくことが大切になるでしょう。

ポートフォリオを活用して活動報告書を書いてみよう！

それでは、実際に入試で使う活動報告書を作成してみましょう。今回は、大学入試に向けた、高校の部活動における振り返りを想定していますが、ここで示す方法は高校入試（中学校の部活動）でも同様です〈注〉。

①ポートフォリオを見直して、これまでの活動を振り返ってみましょう。印象に残っている場面・活動、

自分の考えや行動が変わった場面・活動、成長できたと感じる場面・活動を、いくつか取りあげます。そして、それらの場面・活動で何があったのか、どのように感じたのか、何を得たのかを、はじめて聞く人に分かるように文章で解説してみましょう。

②このような振り返りの中で、自分が大切に思っていること、興味があること、自分の強みなどが明らかになるでしょう。次にすることは、そのような自分の資質、能力、興味、関心を伸ばすことが可能な進学先を選ぶことです。書籍やホームページを参照しながら、それぞれの学校のカリキュラム・ポリシー（教育課程編成・実施の方針）を調べてみましょう。

③志望する進学先が決まったら、アドミッション・ポリシーを確認します。どのような知識・技能、思考力・判断力・表現力、主体的な態度の入学者を求めているのかを知ることができます。

④①~③の下準備をしたら、報告書を書く段階に入ります。③で調べた、志望する進学先で求められている力を持っていることを、自らのポートフォリオによって証明していくのです。どのような部活動の事例を用いることで、自分の資質や能力を説明できるでしょうか。例えば、先に示した10の課題・ワークシートの中から選択するイメージです（複数選択してもよいです）。選択をしたら、報告書の左側にある「①学内での活動内容」の欄に、部活動で、どのような課題に、どのように取り組んだのかを、はじめて聞く人がわかるように文章化します。

⑤次に、右上の⑵「課題研究等に関する活動」に進みましょう（今回は左下の欄は割愛します）。ここでは、先ほど記した自分が取り組んだ課題や経験が、志望進学先のアドミッション・ポリシーとどのように関

係するのかを書きます。例えば、クラブ・インテリジェンス・ワークシート（表1、p.7）を用いて自分たちで課題を解決してきた経験が、志望進学先で求められている「地域社会の課題を解決しようとする態度」と関わる、というようにです。

⑥次に、右下の「②（概要・成果）」の欄に進みます。課題解決の過程で、自分が何を感じ、どのような考えを持ったのか、その経験を通して身につけたことは何か、それが志望進学先の学びとどのように関わるのか、部活動の経験をどのように発展させたいのかなどを記載します。これで書類の作成は終わりです。このように文章化することで、自分が部活動において何を経験し、それをどのように活かしていきたいのかが明確になるでしょう。

⑦最後に、報告書を用いて、自分の言葉で、自分の経験を語る練習をします。自分の経験ですから、ウソ・偽りはありませんし、ほかの人と同じになることもありません。ですから、慌てずに、落ち着いて、丁寧に、ゆっくりと伝えられるようにしましょう。

過去と未来を可視化する

ポートフォリオを蓄積し、振り返りの機会を設けることで、生徒は「これまで」と「これから」を可視化することができます。クラブ・部活動の語源には「自治」の意味が含まれているのですから、部活動で得た経験や成長のプロセスも、自分の言葉で語れるようになる必要があるでしょう。これまでのスポーツ推薦入試において、「3年間部活動を一生懸命にやってきました！」といった、ありきたりな回答が量産されてきた背景には、成長の過程を見えるようにする「証拠」や、それを用いた振り返りがなかったことが考えられます。また、活動のプロセスを示す「証拠」がなければ、競技成績を記した賞状のみがポートフォリオにならざるを得ず、勝利至上主義の問題も続くことになりかねません。そう考えると、部活のミライは、プロセスの可視化によって切り開いていく必要があると言えそうです。

〈注〉中学生や高校生に向けて、ポートフォリオを活用した入試対策について解説した文献に、拙著『僕たちの部活動改革　部活自治・10のステップ』（かもがわ出版、2020年）があります。

出典
⑴ 拙稿「運動部活動の教育制度史」（友添秀則編著『運動部活動の理論と実践』大修館書店、2016年、69-82頁）。
⑵ 拙著『運動部活動の教育学入門』（大修館書店、2015年、315頁）。
⑶ 「令和5年度大学入学者選抜実施要項について」https://www.mext.go.jp/content/20210617-mxt_daigakuc02-000010813_1.pdf（最終アクセス、2022年11月18日）。
⑷ 梶田叡一『〈自己〉を育てる──真の主体性の確立』（金子書房、1996年、15頁）。

表11　活動報告書

氏名（　　　　　　　　　　）

（1）学業に関する活動	（2）課題研究等に関する活動
①学内での活動内容　　活動期間（　　　　）	①（研究テーマを選んだ理由）
※「総合的な学習の時間」、部活動、生徒会活動等において取り組んだ課題研究等	
②学外での活動内容　　活動期間（　　　　）	②（概要・成果）
※ボランティア活動、各種大会・コンクール、留学・海外経験等	

コラム⑪

通信制高校という選択肢

―アスリートが注目する普通学校にはない魅力！―

第11回では、部活動とキャリア形成について話題になりました。このコラムでは、トップ・アスリートというキャリアに向けて、通信制高校が果たす役割について考えたいと思います。

東京オリンピック２０２０において、日本のアスリートが輝かしい成績を残したことは記憶に新しいかと思います。日本オリンピック委員会（ＪＯＣ）によると、東京オリンピック２０２０に臨んだ日本選手の数は５８３人で、史上最多の参加人数となりました。その中で、10代の選手は28人います。この10代の選手の中に、通信制高校の在校生が多数いるのをご存知でしょうか？

オリンピックや競技力向上をめざす高校生は、民間の競技団体やプロチームの下部組織に所属していることが多く、海外遠征や強化合宿にも参加します。全日制高校に在籍した場合は、朝から夕方まで決められた時間割で授業を受けることが一般的ですので、出席日数や単位修得数が満たない場合は原級留置（留年）になることもあり、３年間での高校卒業をめざすことができないケースがあります。

そのようななか、**表⑪**のように通信制高校を選択する選手が増えてきています。この表で記されている選手の他にも、フィギュアスケートの紀平梨花選手（N高校出身）や、女子サッカーなでしこＪＡＰＡＮの浜野まいか選手（飛鳥未来きずな高校出身）は、その代表格と言えるでしょう。

そもそも通信制高校とは、どのような学校なのでしょうか。文部科学省「学校基本調査」（２０２２年・令和４年）によると、通信制高校に通う生徒の割合は高校生全体の約７・５％と言われています。つまり、約13人に１人が通信制高校を選ぶ時代となっているのです。さらに、２０１０年から２０２２年を比較すると、12年間で生徒数は１２７％に増加、学校数も１３１％に増加し、全日制高校の学校数・生徒数が減少する中で、通信制高校の需要が高くなっていることがわかります。

もともと勤労学生のために整備された通信制高校は、自宅での学習（添削指導）と教員からの指導（面接指導）という２つの仕組みで、住まいが学校から離れていても、時間的な拘束を受けずに卒業をめざすことができます。この仕組みが注目され、近年においてはアスリートや芸能人、また社会的な課題でもある不登校や、引きこもりであった生徒の新たな進路選択の一つになりつつあります。特にトップ・アスリートをめざす高校生にとっては、競技力を向

表⑪　通信制高校に在籍していたオリンピック（２０１８、２０２０）出場選手(1)

氏名	オリンピック出場競技	出身校
堀米雄斗選手	スケートボード男子ストリート	大智学園高校
中村輪夢選手	自転車男子ＢＭＸフリースタイル	京都つくば開成高校
大岩千未来選手	新体操個人総合	あずさ第一高校
大原洋人選手	サーフィン男子	明星高等学校
山本泰成選手	フリースタイルスキー	日出高等学校・通信制課程
大久保勇利選手	スノーボード	青森山田高校・通信制課程
国武大晃選手	スノーボード	鹿島学園高等学校・通信制課程

上させるための長期的な合宿への参加や、海外での試合・遠征と学業の両立が可能になることから、世界の舞台で活躍する高校生を支えているともいえるのではないでしょうか。

実際に、飛鳥未来きずな高校を卒業した浜野まいかさんは、もともと全日制高校に通学していました。高校2年生のタイミングでプロチームへ所属すると、午前中の練習や長期遠征が余儀なくされました。もちろん、全日制高校の卒業をめざすこともできましたが、3年間での卒業ができないことや、これからのプロ選手としてのチャンスを踏まえ、通信制高校への転校を選択しました。その後、所属チームやU-20女子日本代表での活躍が高く評価され、高校3年生の時にはウィメンズ・スーパーリーグ（WSL）チェルシーウィメンへの移籍が実現しました。最後の半年間は海外での活動が多かったのですが、通信制高校の仕組みを活用し、3年間で無事に高校卒業も叶えました。このように、通信制高校に通いながらトップ・アスリートに向けたキャリアを築いている選手は他にも多く存在します。

しかしながら、あくまで通信制高校は「通信教育」を基調とした学校であり、「出席日数が少なくても卒業できる学校」ではないとも言えます。文部科学省も令和5年2月に「高等学校通信教育の質の確保・向上のためのガイドライン」を策定し、主体的な学校運営の改善を通信制高校に通達しました。急激に増加する通信制高校が、トップアスリートに向けたキャリア形成と、学校の学びをどのように関連づけるのか、これからの動向に注目する必要があります。

（松本悠）

出典

⑴ 通信制高校ナビ　学業と両立！東京夏季五輪２０２０オリンピアが選んだ通信制高校という選択肢　https://www.tsuushinsei-navi.com/real/interview/3181/（最終アクセス、２０２３年６月16日）から筆者が一部抜粋。

12

第12回

学校に部活動は必要である

～CをつなぐHUBブカツ～

部活動と学校のC

本書では、これまでとはひと味違った部活動の実践を紹介してきました。運動部活動の指導というと、教師による専門的な技術指導がイメージされがちですが、紹介した実践はすべて教室で取り組めるものであり、生徒が自分たちで組織をつくっていく内容でした。クラブの語源に「自治」や「社交」の意味が含まれていることを踏まえれば、みんなで課題を解決する組織的な活動が大切だからです。

そのような問題意識から本書は始まり、第1回では、生徒がどのような課題に取り組むのかを、クラブ・インテリジェンス・ワークシート（CIW）を用いて明らかにする実践を紹介しました。

その後も、部活動で生じる一つ一つの課題を、生徒主体で解決していくための方法を解説してきました。そのような部活動の自治集団活動は、学校の教育課程（Curriculum）と密接に関係します。例えば、体育や保健の授業（Class）における学習は、運動部活動におけるトレーニング計画や安全管理と結びつき、発展させることができました（第8回、第9回）。また、部活動は生徒会活動（Council of Students）の一部ですから、学校全体の自治集団活動の一翼を担うとともに、みんなに開かれた組織である必要があります。そのため、それぞれの回において「自治」や「社交」を広げる方法を紹介してきました。

また部活動は、教育課程の延長に位置づくだけでなく、部活動の取り組みが教育課程に活かされることもあります。これは、課外活動の教育課程化（Curricularization）とも呼ばれます。例えば、そもそもスポーツは課外活動・部活動だけで取り組まれていましたが、戦後、体育授業の中に教育課程化されたという経緯があります。

また、近年においても、小学校の体育授業で長距離走・駅伝を教える際に、第1回で紹介したワークシート・CIWが参照され、自分たちで課題を解決していくツールとして教材化されました。高校においてもバレーボールの授業で、花言葉を用いたビジョンやパーパスの設定方法（第2回）や、係・役割分担の考え方（第4回）が活用されるとともに、「総合的な探究の時間」にも取り入れられています(1)。同様に、本書で重視してきた「可視化」の考え方を、体育的行事の指導に活かす動向も見られます(2)。

このように、部活動を「自治」と「社交」の場として位置づけることで、教育課程の学びを発展させるだけでなく、教育課程全体の質を高めることができます。そして、教育課程内・外を関連づけた多様な課題解決の経験によって子どもは成長を自覚できるのであり、人格（Character）の形成や、将来の進路（Course, Career）とも結びつくことを解説してきました（第11回）。

部活動と地域のC

「自治」と「社交」を特質とする部活動は、学校外の組織や活動とも関わります。まず、卒業後の地域スポーツクラブ（Club）につながります。学校を卒業したら様々な課題を自分たちで解決しなければならないのであり、部活動における自治集団活動は、その予行練習の意味を持ちます(3)。自由と平等を原則とした近代スポーツクラブの歴史を紐解けば、様々なクラブがスポーツのルールを創造してきたことは明らかですし（後述）、部活動における「自治」や「社交」は文化（Culture）の継承、発展に不可欠とも言えるでしょう。

広い視野で捉えれば、部活動における経験は、地域社会（Community）における自治にも通じます。本書では、コミュニティー・オーガナイジングという社会運動の原理を紹介し、部活動で取り組むイベントと関連することを解説しました（第10回）。

さらには、将来、生徒たちの多くが働く企業（Company）にもつながります。本書で紹介したビジョン・パーパスの設定（第2回）、行動につなげる目標設定（第3回）、役割分担の可視化（第4回）、勧誘ブランディング（第5回）といった取り組みは、企業の研修でも行われているものです。

Companyの語源には「パンをみんなで分け合う」という意味が含まれていますから、クラブの「自治」や「社交」に通じる部分があるのです。そのため最近では、これまで紹介してきた部活動のプログラムが企業研修においても活用され、それはクラブビルディング®と呼ばれています(4)（コラム❸）。

部活動と権利・自由

次に、スポーツに取り組む権利や自由との関連で、部活動の在り方を考えてみましょう。スポーツ基本法の前文には「スポーツは、世界共通の人類の文化である」ことや、「スポーツを通じて幸福で豊かな生活を営むことは、全ての人々の権利」であると示されています。ここで言われている文化を享受する自由や権利は、長い年月をかけて先人が獲得してきたものです。1人では自由や権利を広げることはできないので、クラブのような組織を通して獲得してきた経緯があります（コラム❾）。

クラブのような組織が社会にどのような影響を及ぼしてきたのかを知るうえで、これまでの「結社史」の研究が参考になるでしょう。例えば『結社の世界史』（山川出版）は、①結衆・結社の日本史、②結社が描く中国近現代、③アソシアシオンで読み解くフランス史、④結社のイギリス史―クラブから帝国まで、⑤クラブが創った国アメリカ、という全5巻で構成され、それぞれの国の結社が政治、社会、文化に関わってきた歴史を示しています。この本では、結社が以下のように定義されています。

「なんらかの共通の目的・関心をみたすために、一定の約束のもとに、基本的には平等な資格で、自発的に加入した成員によって運営される、生計を目的としない私的な集団」（はじめに）

この定義から、クラブの「自治」や「社交」と通じる部分が確認できるように、クラブは社会や文化創造の基盤となる結社とも言えます。それ故に、諸外国の「結社史」では、クラブと政治、社会、文化の関係が注目されるのです。

実際にイギリスでは、17世紀後半から18世紀のはじめに、ロンドンでコーヒーハウスが社交の場として流行します。1675年には国王チャールズ二世が「コーヒーハウスが政治的陰謀の巣窟になっている」と考え、「コーヒーハウス・閉鎖令」を出しますが、10日で撤回することになります。

既に、コーヒーハウスは、中・上流階級から王の命令を覆すほどの熱い支持を受けていたのです。実際に、その後、コーヒーハウスの「社交」を基盤にしてトーリー党やホイッグ党など、同じ思想をもつ人たちによる政党の組織化（自治）が進み、政治的、社会的な自由や権利を獲得していきます[5]。

スポーツにおいても、近代スポーツクラブがルールの創造に関わってきました。例えば、1846年のラグビー校のルールには「ナビースを禁じる」というものがあります。「ナビース」とは、先端に鉄片を取りつけた靴のことで、当初のフットボールには、相手を傷つけることをねらいとするような靴を用いて「ハッキング」（蹴ること）が許容されていました。それを禁じるようにしたのは、近代に発足されたスポーツクラブです。さらには、プレーヤーの人数を減らしたり、レフリーにペナルティーを科す権限を与えたりしていきます。クラブの「自治」（合議と合意）を基盤にして、近代的な特性を持つスポーツへと変えてきたのです[6]。

「自治」と権利の関連性については、子どもの権利の観点からも言えることです。日本も批准している「子どもの権利条約」（Convention on the Rights of the Child）において、子どもの意見表明権（第12条）とともに結社・集会の自由（第15条）が認められているように、自分たちで集まったり（社交）、決めたりする経験（「自治」）を保障することで、子どもの成長や権利保障を実現していく方針が示されています。

そのため部活動でも、第6回で取り組んだ「言いたいことが言える環境をつくる」実践を基盤にしながら、様々な課題を「みんな」で「解決していくこと」が大切になります。例えば、第7回で取り組んだ「部活動に必要なお金を管理する」実践は、市民としての資質・能力を育成するシティズンシップ教育（Citizenship Education）の面からも必要とされています[7]。

このように結社・クラブは、社会や文化の自由、権利を生み出す母胎と言えます。ですから、スポーツ基本法で述べられているスポーツの自由や権利を保障するということの中には、結社・クラブ・部活動をつくる条件整備までを含む必要があるのです。

OECDによる部活の評価

これまで見てきたように、クラブの語源に含まれていた「自治」と「社交」を部活動において追求することで、学校教育内・外における多様なCがつながります。部活動が様々なCをつなぐ中核・HUBになるのです。それ故に学校に部活動は必要なのですが、最近は切り離す動向が見受けられます。その背景には、OECDの調査において、諸外国と比べて日本の教員の労働時間が長く、とりわけ課外活動・部活動に携わる時間が長いという結果が示されたことがあります。

しかし、同じくOECDが行っている生徒の学習到達度調査（PISA）や国際成人力調査（PIAAC）では、日本の子どもと成人の読解力は上位層にあり、家庭の社会経済的な格差が学力に与える影響も、他の加盟国と比べて小さいことが指摘されるとともに、「授業だけでなく給食や清掃、部活など幅広い指導が子どもの社会性や感情面の成長を支えているとして、『維持すべき強み』」とも述べられています。そして、教員の長時間労働を解消し、研修などで技量を高めることが必要だと指摘しつつも、教員の業務を見直す結果、授業に特化するようになる場合は「日本型教育の質が損なわれる恐れがある」と懸念されてもいます⑻（コラム⑫）。
ＯＥＣＤが指摘するように、部活動が日本にとって「維持すべき強みだ」という前提に立てば、その強みを活かす条件整備を進めることが国に求められるでしょう。同時に、日本の部活動の「強み」をさらに発展させるような「教育内容」を示し、実践研究を進めていく必要もあります。部活動の存在意義が問われている状況だからこそ、クラブの「自治」や「社交」を強化、発展させるような教育現場の実践が重要なのです。これまで紹介してきた実践プランに挑戦し、部活動のミライを切り開いていけるのか。今は、その分岐点にあると言えるでしょう。

出典
⑴ 拙稿「体育からクラブへ～運動部活動の教材化～」（『月刊 兵庫教育』８４８号、26－29頁）。
⑵ 堀江なつ子「部活動と運動会を『可視化』でつなぐ」（神谷拓編著『運動会指導の原理と実践』大修館書店、２０２２年、60－71頁）。
⑶ 拙著『生徒が自分たちで強くなる部活動指導』（明治図書出版、２０１６年）。
⑷ 神谷拓研究室ホームページ　https://wps.itc.kansai-u.ac.jp/kamiya/2021/11/1315/（最終アクセス、２０２２年12月15日）。
⑸ 小林章夫「情報が価値をもったとき―ロンドンのクラブ文化から―」、長島信一「情報ステーションの誕生―コーヒー・ハウスにはじまる―」（小林章夫ほか『クラブとサロン　なぜ人びとは集うのか』ＮＴＴ出版、１９９１年、12、69頁）。
⑹ 中村敏雄『クラブ活動入門　スポーツの変革とクラブの創造』（高校生文化研究会、１９７９年、47－61頁）。
⑺ 長沼豊「シティズンシップ教育から見た部活動の在り方」（『日本部活動学会第５回研究集会　要旨集録』２０２２年、４－５頁）。
⑻ 朝日デジタル２０１８年８月１日　https://digital.asahi.com/articles/DA3S13615430.html?fbclid=IwAR3uVXrspWWO5_egz_BgaLEq9aqpPxxcQ8aC2FYDGNUS6b4a4kAabzH7g（最終アクセス、２０２２年12月15日）。

コラム⑫

部活動は日本の強み！

―OECDの報告書を読む―

今回は、学校で部活動を実施する意義が解説され、そのなかでOECDの部活動へのコメントが引用されていました。ここでは、OECDが刊行している『Reviews of National Policies for Education, Education Policy in Japan: BUILDING BRIDGES TOWARDS 2030』を紐解きながら、部活動がどのように評価されているのかを確認しておきましょう。

まず、「働き方改革」と部活動の関係について以下のように述べられています。

「教師の役割が常に教室の枠内や指導の提供のみに留まらないという意味において、日本は他の国々よりも大きな利点がある。日本の生徒が概して恵まれている点は、教師であると同時に生徒の生活や将来を親身に気にかけ、自らが何者であるか理解する手助けをし、情熱を向ける対象と自身の強みを発揮できる場を見出してくれる、師といえる人物に出会えることにある。だがその代償はこれまで、教師たちの非常識なまでに長い勤務時間と重い責任で賄われていた。学校組織改変の目的は、教師の負担を軽減するとともに、生徒たちへ、さらなる利益をもたらすことにある。しかし、よりテイラーイズム（工場管理：筆者）的色彩のつよい業務組織へと移行するなかにあって、日本の伝統的な強みを損なうことのないよう配慮が必要である。」（9頁）

この記述にあるように、「教室内の指導に止まらない」点に日本の教育の特徴が見出されています。ここに、部活動や特別活動などが含まれるのは言うまでもないでしょう。実際に、「生徒の生活や将来を親身に気にかけ、自らが何者であるか理解する手助けをし、情熱を向ける対象と自身の強みを発揮できる場を見出してくれる、師といえる人物に出会える」という一文は、部活動顧問をイメージさせる内容です。しかし「その代償はこれまで、教師たちの非常識なまでに長い勤務時間と重い責任で賄われていた」のであり、「働き方改革」が必要であることも指摘しています。ただ、最後の一文にあるように「日本の伝統的な強みを損なうことのないよう配慮が必要」とクギを刺しています。それは、「学校組織改変の目的は、教師の負担を軽減するとともに、生徒たちへ、さらなる利益をもたらすことにある」からです。

実際に、次のような記述も見られます。

「ＯＥＣＤの視察団は、日本の学校教育が学問的な内容に限定されない、全人的アプローチをとっており、子どもが幅広い活動に参加している様子を確認した。これを可能ならしめているのが、生徒による給食配膳や協働での校内清掃など、他のＯＥＣＤ加盟国には見られない実践活動に従事している点である。こうした活動は生徒の間に、学校の質や教育全体に対する責任の共有を培っている。加えて、学校では学業、スポーツ、音楽など、様々な課外活動が行われている。こうした課外活動は、生徒にとっては学校で過ごす日数が長くなることにつながるが、これら課外活動への参加は、従来の学問以上に得るものがあるだけでなく、21世紀型スキルの育成にとってますます必要とされてくる価値観やコンピテンシーを培う場としての学校づくりへと通じている。」（111頁）

この記述を見れば、OECDが部活動などを含めた課外活動を「日本の強み」として理解していることがわかるでしょう。さらに詳しく述べれば、OECDは日本の「Tokkatsu」（特活）という考え方に注目するとともに、自主的で実践的な活動を評価しています。

「他国の教育システムが、子どもの発育側面の二点ないし三点しか注力できていないところ、日本の教育モデルは『全人的な教育』のコンセプト（認知的、社会的、情緒的、かつ身体的発育）を中心に据えている。これを可能ならしめているのが、日本のカリキュラムに取り入れられている『特活』という概念であり、感情知性を育むことを目指した教育の非認知の側面を包含している。特に、特活は学校と教室を『社会』として捉える教育活動である。集団活動を通じて、子どもたちの自主性と実践力を養い、より良い集団生活を築き個性を育むことを目的としている。特活の鍵となる原則は、子どもの自発的な活動や自主性、他の子どもとの協働学習、そして実践による学びである」（53頁）

この記述にあるように、日本の特別活動で重視されてきた「子どもの自発的な活動や自主性、他の子どもとの協働学習、そして実践による学び」を評価しているのであり、本書のコンセプトで言えば「自治」に注目しているのです。

しかし、日本の政治や教育行政の場では、このような国際的な評価は無視・軽視されてきました。なぜなら、現状の部活動改革がコストカットの論理で展開されているからです。「部活動は日本の強み」と認めてしまうと、公費の負担は避けられません。そのため、ＯＥＣＤの勤務時間調査のみをクローズアップしてきました。このようなやり方はフェアではありません。もちろん、これまでの部活動をそのまま実施していくことは困難ですが、部活動の強みとは何なのかを議論し、持続可能な形で継承していく道もあるのではないでしょうか。最終回で述べているように、本書で紹介してきた実践プランは、クラブの「自治」と「社交」にこそ「部活動の強み」があるという前提で、それらをこれまで以上に活かし、発展させようとしています。皆さんは、どのような点に「部活動の強み」を見出し、継承、発展していく必要があると思いますか？　ＯＥＣＤは、そのような議論をしていくことを、私たちに求めているのではないでしょうか？

（神谷拓・川村昂）

おわりに

本書では、部活動の教育論や教育的意義の研究成果を踏まえて、学校や教師が部活動に関わる理由や方法を示してきました。「はじめに」においても述べたように、私はこのような研究を通して、教員の定数、手当、サポートスタッフを増やしていきたいと考えています。諸外国と比べれば、日本の教育に関わる支出が少ないことは明らかですし、また、スポーツ施設やクラブの数の面でも、諸外国から立ち遅れている状況は、これまで多くの調査・研究において指摘されていることでもあります。そのため、今後は教育や文化活動に関わる公的な支出を求めていく必要がありますが、それには大義・根拠が必要です。何のために部活動が必要なのか、それはどのような内容を持つものなのか、教師が関わることの意義がどこにあるのかという視点は、公的な支出を求めるうえで欠かせない大義・根拠と言えるでしょう。

しかし、このように教育内容から教育制度的条件や教育環境の整備にアプローチする手法が理解してもらえず、私の主張は、「部活動を擁護して教員の勤務時間を減らさない立場」だとか、「教員の働き方改革の敵」だとか誤解されることがあります。あるいは、「部活動をやめる前提で議論しないと財務省がお金を出さない」というような助言をいただくこともありました。しかし昨今、そのような方法で議論を進めても、結局は充分な予算が計上されず、教育環境の整備にはつながっていないことは周知の通りです。実際に、教育環境やスポーツ環境の整備において、官僚の方の協力を得ないと事が進まないのは確かですが、私たち研究者は官僚・役人ではないのであり、学術研究や実践研究の成果をもとに政策提言をしていく必要があるでしょう。本書は、このような問題意識から、これまでの実践研究をもとに教育制度的条件や教育環境の整備にアプローチすることをめざしました。

一方で、部活動を「問題」として捉える社会的な風潮から、教育論が主張しにくい状況でもあります。それは、これまで部活動で育ってきた体育・スポーツ関係者の「沈黙」からも理解できるでしょう。多くの大学でスポーツ推薦入試を実施しているのですから、本来、大学の関係者は、部活動の在り方や今後の展望を積極的に発信していく立場にあるはずです。しかし、私のように教育論を展開すると「炎上」するかもしれないので、他人事のように振る舞っている人もいるようです。もしかしたら、「これまで」の部活動は、自分の経験を他者に理解できるように伝えたり、自分の経験を基盤にして今後の展望を述べたりするような力をつけてこなかったのかもしれません。それが現状の「沈黙」につながっているのであれば、「これから」の部活動は、その「沈黙」を打ち破るような力や経験が求められるでしょう。そのような反省もあり、本書ではあえて、これまでとは少し違った実践論を展開しました。

さて、本書では、部活動と労働の関係にまで踏み込んだ実践を展開していますが、このアイデアは企業研修：クラブビルディング®（コラム❸）の経験が基盤となっています。研修の機会を提供してくださった、株式会社ショウワの藤村俊秀社長、三和紙工業株式会社の下園大介社長に感謝いたします。

また、「はじめに」においても述べましたが、本書の内容は、雑誌『体育科教育』における２０２２年４月から２０２３年３月までの連載「子どもが決める！　部活のミライ」に基づいています。この連載や本書の企画に関わって、当時、大修館書店に勤めていた阿部恭和さんにご助言をいただきました。ありがとうございました。

他にも実践研究に取り組んでくださった、数多くの教育現場の先生など、お礼を述べなければならない方が多くおりますが、字数の関係もあり、ここで取り上げてお礼を述べることができません。今後も部活動の実践研究を続け、発信していくことで、お礼に代えさせていただければと思います。

最後になりますが、常に私の研究を支えてくれている妻・文子と息子・文夢に感謝し、筆を置きたいと思います。

（なお、本書に掲載された内容の一部は、ＪＳＰＳ科研費 JP21K02168、JP23K10678の助成を受けたものであり、また、２０２３年度の関西大学学術研究員研究費によって行われたものである）

２０２３年11月６日　浅香山の研究室にて

神谷　拓

付録 クラブ・インテリジェンス・ワークシート（CIW）

みんなで部活動運営のガイドラインをつくろう! ＿＿＿＿＿＿部　　記入日：＿＿年＿＿月＿＿日

作成者　教師名＿＿＿＿　子どもの代表者名＿＿＿＿　部活動導員・外部指導者名＿＿＿＿　保護者の代表者名＿＿＿＿

①部活動を運営していくうえでの方針を決めよう! （組織を運営していくうえでの約束事や心構えについて記しましょう。 みんなが覚えられるように、簡潔に・短く書くことがポイントです!）	➡ 私たちの運営の方針は　　　　　　です!
②競技成績の目標を決めよう! （昨年度の取組みと成績を参考にして、みんなで現実的な目標設定をしましょう!）	➡ 私たちがめざす競技成績は　　　　　　です!

③部活動の運営方法を決めよう!

1. 下のNO.1～21には、部活動を運営していくうえで生じる課題が整理されています。これらは、学校を卒業した後に、地域社会でクラブを運営する際においても課題になります。卒業後もスポーツや文化活動を続けていける力を身につけるために、日頃の部活動の運営においても、できるだけ生徒・部員自身が課題に取り組むようにしましょう。
2. NO.1～21の項目を1つずつ確認し、現状において解決している人に○をつけましょう。次に、これからの部活動において、誰が解決するべきかをみんなで検討し、●をつけましょう。○と●を矢印（→）で結んでください（下の例を参照）。NO.1～21以外の課題があれば、NO.22～25の欄に書き足してください。
3. なお、議論をする際には、スポーツ庁と文化庁のガイドライン（活動時間は、長くても平日2時間程度、休日は3時間程度。休養日は平日に1日休み、土・日の週末で1日以上休む[計2日以上の休養日]）の方針を参考にするとよいでしょう。
4. 最後に、全体を読み直して、これから誰が、何を解決するのかを確認して、みんなで共有して下さい。みんなで決めたことを、みんなで守ることが大切です。もし、不都合が生じたら、再び、みんなで集まって修正をしましょう。

No.	課題	教師が決める・解決する	生徒が決める・解決する			部活動指導員・外部指導者が決める・解決する	左の三者（教師、生徒、部活動指導員・外部指導者）の全員で決める・解決する	保護者に頼む・依頼をする
			生徒と教師で決める	生徒だけで決める	生徒と指導員で決める			
例	□□□□について解決するのは誰か?	○ ――→	●					
1	大会・試合・コンクールなどのルール・規則を調べるのは誰か?							
2	試合・公演などに使う戦術・作戦・プランを決めるのは誰か?							
3	練習の内容を決めるのは誰か?							
4	練習試合・合同練習の相手を決めるのは誰か?							
5	出場する大会・コンクールを決めるは誰か?							
6	VTR分析などを通してチーム・クラブの課題を示すのは誰か?							
7	大会・試合・コンクールなどに出場するメンバーを決めるのは誰か?							
8	大会・試合・コンクールなどに向けて、ポジション（個人競技の種目を含む）やパートなどを決めるのは誰か?							

9 キャプテンを決めるのは誰か?							
10 キャプテン以外の役割・係を決めるのは誰か?							
11 部活動運営の細かな規則を決めるのは誰か? (①で決めた方針以外の規則・約束事を決めるのは誰か?)							
12 部員・メンバーの募集をするのは誰か?							
13 練習の日程、時間、場所を決めるのは誰か?							
14 ミーティングの日程、時間、場所を決めるのは誰か?							
15 試合(練習試合・合同練習)の日程、時間、場所を決めるのは誰か?							
16 部活動に必要な予算を計上するのは誰か?							
17 予算の支払いをするのは誰か?							
18 用具の準備や管理をする(掃除を含む)のは誰か?							
19 部内の連絡をする伝達方法を決める(つくる)のは誰か?							
20 学外で活動をする時の移動方法やアクセス方法を検討するのは誰か?							
21 学内・学外の施設を借りるのは誰か?							
22 その他							
23 その他							
24 その他							
25 その他							

※書き終えたシートは、全員にコピー・配付し、保管しておきましょう(みんなが確認できる場所などに掲示するのもよいでしょう)。
※翌年度においては、現在のシートを確認しながら作業を進めると効率的です。前年度、生徒・部員だけで解決できなかった課題を把握して、あらためて検討・議論してみましょう。

④上記の他に、部活動内で共有しておいた方がよいことなどがあれば、メモとして残しておきましょう!

【編著】

神谷　拓（かみや　たく）

関西大学教授。専門はスポーツ教育学、体育科教育学。

1975年、埼玉県出身。

中京大学体育学部を卒業後、和歌山大学大学院教育学研究科を経て、筑波大学大学院人間総合科学研究科修了。博士（教育学）。

日本部活動学会会長、日本体育科教育学会理事などを歴任。

主な著書に『運動部活動の教育学入門』（小社刊）、『生徒が自分たちで強くなる部活動指導』（明治図書）、『僕たちの部活動改革：部活自治・10のステップ』（かもがわ出版）がある。

【コラム執筆】＊本書発行時

神谷　拓（かみや　たく，前掲，コラム❶・❸・❹・❼・❾・⓬）

松世　聖矢（まつよ　せいや，コラム❷）

齋藤　光（さいとう　あきら，関西大学大学院人間健康研究科・博士課程後期課程，コラム❺）

岸本　由佳（きしもと　ゆか，関西大学大学院人間健康研究科・博士課程前期課程，コラム❻）

髙田　佳孝（たかだ　よしたか，京都ノートルダム女子大学，コラム❽）

川村　昂（かわむら　のぼる，関西大学大学院人間健康研究科・博士課程前期課程，コラム❿・⓬）

松本　悠（まつもと　はるか，飛鳥未来きずな高等学校，コラム⓫）

部活動《ぶかつどう》は日本《にほん》の強《つよ》み——クラブ自治《じち》の継承《けいしょう》と発展《はってん》

　NDC375/v, 162p/19cm

初版第一刷——二〇二四年二月一五日

編著者——神谷《かみや》 拓《たく》
発行者——鈴木一行
発行所——株式会社 大修館書店
〒一一三-八五四一 東京都文京区湯島二-一-一
電話 03-3868-2651(販売部)
03-3868-2299(編集部)
振替 00190-7-40504
[出版情報] https://www.taishukan.co.jp/

装丁・本文組版——島内泰弘(島内泰弘デザイン室)
印刷——三松堂
製本所——難波製本

ISBN978-4-469-26975-8　Printed in Japan